D1702116

Das große Vorlesebuch für Mädchen

für Prinzessinnen, Feen und kleine Hexen

Das große Vorlesebuch für Mädchen
für Prinzessinnen, Feen und kleine Hexen

CARLSEN

Sonderausgabe im Sammelband
© Carlsen Verlag GmbH, Völckersstraße 14–20, 22765 Hamburg 2016
ISBN: 978-3-551-22103-2
Umschlagillustration: Nina Hammerle · Illustration der Lesemaus: Hildegard Müller
Redaktion: Caroline Fuchs · Lithografie: ReproTechnik Fromme, Hamburg
Printed in Germany

Margit Auer/Ina Worms, »Amelies Fahrt auf der dottergelben Blüte«; »Prinzessin Ringelsocke«;
»Die drei Bärenkinder«; aus: »Die Butterbrotbande und weitere Abenteuergeschichten«
© Carlsen Verlag GmbH, Hamburg 2014

Christian Tielmann/Stephan Pricken, »Ein Stern für den Maulwurf«;
»Ferien auf dem Mars«; »Luzie und die Außerirdischen«;
aus: »Der Astronaut mit der goldenen Unterhose und weitere Weltraumgeschichten«
© Carlsen Verlag GmbH, Hamburg 2014

Julia Breitenöder/Nina Hammerle, »Geburtstag einmal anders«;
»Meine liebste Hexe Miranella«; »Die Katze auf dem Baum«;
aus: »Meine liebste Hexe Miranella und andere Freundschaftsgeschichten«
© Carlsen Verlag GmbH, Hamburg 2014

Julia Breitenöder/Sabine Legien, »Funkelnde Sterne für die Prinzessin«;
»Prinzessin für einen Tag«; »Prinzessin Anna und der Drache«;
»Die Zirkusprinzessin«; »Küss die Frösche«;
aus: »Funkelnde Sterne für die Prinzessin und weitere Prinzessinnengeschichten«
© Carlsen Verlag GmbH, Hamburg 2015

Tobias Bungter/Marion Elitez, »Janna außer Rand und Band«; »Harry Hammerhai«;
aus: »Käpt'n Klabauter im dampfenden Meer und weitere Piratengeschichten«
© Carlsen Verlag GmbH, Hamburg 2015

Julia Breitenöder/Annika Sauerborn, »Der einzigartige Ranzen«; »Obos Abenteuer«;
aus: »Der Schnupper-Schultag und 5 erste Schulgeschichten«
© Carlsen Verlag GmbH, Hamburg 2015

Luise Holthausen/Catherine Ionescu, »Millies Überraschung«; »Das besondere Fohlen«;
aus: »Das besondere Fohlen und andere Pferdegeschichten«
© Carlsen Verlag GmbH, Hamburg 2015

Luise Holthausen/Annika Sauerborn, »Der Unterwegs-Vogel«; » Ich packe meinen Koffer«;
»Immer schön vorsichtig!«, aus: »Ein Kuscheltier fährt übers Meer und weitere Reisegeschichten«
© Carlsen Verlag GmbH, Hamburg 2014

Julia Breitenöder/Caroline Petersen, » Die verzauberten Schlittschuhe«;
»Die Zauberzweige«; »Die Winter-Kur«; »Sissi Sonnenfreund«
aus: »Die verzauberten Schlittschuhe und weitere Wintergeschichten«
© Carlsen Verlag GmbH, Hamburg 2014

FSC® MIX Papier aus verantwortungsvollen Quellen FSC® C043106

Carlsen-Bücher gibt es überall im Buchhandel und auf www.carlsen.de
Newsletter mit tollen Lesetipps kostenlos per E-Mail: www.carlsen.de

Inhalt

15 Amelies Fahrt auf der dottergelben Blüte

19 Prinzessin Ringelsocke will zelten gehen

23 Die drei Bärenkinder

28 Ein Stern für den Maulwurf

31 Geburtstag einmal anders

35 Meine liebste Hexe Miranella

39 Die Katze auf dem Baum

43 Ferien auf dem Mars

Inhalt

48 Funkelnde Sterne für die Prinzessin

54 Luzie und die Außerirdischen

62 Janna außer Rand und Band

67 Sissi Sonnenfreund

71 Prinzessin für einen Tag

75 Der einzigartige Ranzen

80 Prinzessin Anna und der Drache

84 Obos Abenteuer

Inhalt

90   Harry Hammerhai

96   Millies Überraschung

100   Das besondere Fohlen

105   Der Unterwegs-Vogel

110   Die verzauberten Schlittschuhe

114   Küss die Frösche

119   Die Zirkusprinzessin

124   Zauberzweige

Inhalt

129 Ich packe meinen Koffer

133 Immer schön vorsichtig!

137 Die Winter-Kur

Vorlesetipps

Kinder werden vor allem dann zu begeisterten Lesern, wenn auch in ihrem Zuhause schon früh Bücher zum Leben dazugehören. Damit es allen Eltern noch besser gelingen kann, ihre Kinder an Bücher heranzuführen, haben wir hier 6 Tipps zusammengestellt.

1. Zum Vorlesen gehört eine gemütliche Atmosphäre. Wichtig ist es, das Buch dabei so in den Händen zu halten, dass die Kinder entspannt die Bilder anschauen können.

2. Wer sich das Buch vor dem Vorlesen schon einmal angeschaut und die Geschichte vorher schon einmal selbst gelesen hat, kann später beim Vorlesen die Inhalte verständlicher präsentieren. Die Zuhörer bemerken positiv, dass der Vorleser die Geschichte und die Pointen schon kennt. Wenn dann noch die Stimme passend zu Figuren verstellt wird, ist das Vorlesen ein Erlebnis.

3. Kinder mögen es, ihre Lieblingsbücher wieder und wieder vorgelesen zu bekommen. Dreißig Mal dasselbe Buch – keine Seltenheit und für manche Eltern eine Herausforderung. Diesem Wunsch der Kinder sollte jeder Vorleser aber unbedingt nachkommen. Kinder lieben beim Vorlesen das Ritual, es ist für sie ein großer Spaß, ihre Lieblingsgeschichten in- und auswendig zu kennen. So werden Bücher zum festen geliebten Bestandteil ihres Lebens.

4. Wer als Vorleser innerlich mit den Gedanken ganz woanders ist, wird auch seine Zuhörer nicht fesseln können.

5. Für jüngere Kinder ist es noch nicht so wichtig, dass eine Geschichte einen Anfang und ein Ende hat. Wenn ein Kind also Lust hat, bei einer Seite zu verweilen und sich einfach nur dieses eine Bild anzuschauen, so ist dies in jedem Falle besser, als zwingend zu Ende zu lesen.

6. Das Vorlesen kann besonders gut gelingen, wenn die Vorlesenden flexibel auf die Wünsche der Zuhörer eingehen: An manchen Tagen soll nur »wie immer« der Text vorgelesen werden. An anderen Tagen ermöglichen Fragen an das Kind, die sich auf den Inhalt beziehen, eine für beide wunderschöne Beschäftigung mit dem Buch. Auch wollen die Kinder manchmal nur still die Bilder betrachten. All diese Wünsche können die Bindung der Kinder an Bücher langfristig stärken.

Frank Kühne, Programmleiter
Carlsen Verlag

Amelies Fahrt auf der dottergelben Blüte

Eine Geschichte von Margit Auer
Mit Bildern von Ina Worms

Es war einmal eine kleine Fee, die wollte unbedingt ein großes Abenteuer erleben. Also schmiedete sie einen Plan und verabschiedete sich von ihren Freunden: »Ich fliege jetzt los, um ein Abenteuer zu erleben, und zwar beim Bach an der grünen Wiese. Dort setze ich mich auf eine Sumpfdotterblume, knabbere den Stiel ab und lasse mich von der Strömung des Baches davontragen. Das wird bestimmt lustig.«

Die kleine Fee hieß Amelie und war ein zartes Wesen mit viel Mut. Flink kletterte Amelie in ihr Boot. Sie war so klein, dass sie auf der dottergelben Blüte leicht Platz fand. Sie legte sich auf den Rücken und schaute in den blauen Himmel. Die Strömung war sanft und so schaukelte Amelie auf den Wellen langsam den Bach hinunter. Sie schipperte an der Kuhweide vorbei. Und an dem großen Bauernhof. Oh, war das schön.

Die Sonne schien und Amelie war froh, so eine wunderbare Idee gehabt zu haben. Die Glockenblumenwiese, wo sie zusammen mit den anderen Feen wohnte, war längst nicht mehr zu sehen. Nach einer Weile kam sie zu der Steinbrücke mit den sieben Bögen. Hier wurde aus dem kleinen Bach ein größerer Fluss und die Strömung wurde stärker.

Amelie machte das überhaupt nichts aus, sie schwamm vergnügt auf ihrer Sumpfdotterblüte dahin. Doch dann verdunkelte sich der Himmel. Wolken zogen auf und der Wind begann heftig zu pusten. Erst jetzt bemerkte Amelie, dass es gefährlich wurde. Sie hielt sich an den gelben Blättern fest – ob ihr Plan vielleicht doch nicht so gut gewesen war? Die Blüte wirbelte herum und die kleine Fee hatte ihre liebe Not, nicht herunterzufallen. »Oh weh, so hatte ich mir mein Abenteuer aber nicht vorgestellt«, flüsterte sie.

Es begann zu regnen und ihre hauchdünnen Flügel wurden patschnass. »Jetzt kann ich nicht mal mehr heimfliegen«, jammerte Amelie.

Da hörte sie eine Stimme am Ufer. War das Franz, der Waschbär? Franz kam oft mit seinen Brüdern zum Bach an der grünen Wiese, um dort zu spielen. »Ich liebe den Regen und mag auch den Sturm«, brummte er mit tiefer Stimme vor sich hin. »So geh ich herum und such mir 'nen ...«

»Hallo, Franz! SOS! Ich bin in Seenot!«

Der Waschbär hörte auf zu singen und sah sich um. »Dich kenn ich doch! Bist du nicht die kleine Fee von der Glockenblumenwiese?«

Amelie nickte. »Hilfst du mir?«

Da bückte sich Franz und fischte die gelbe Sumpfdotterblüte aus dem Wasser.

»Danke! Was für ein Glück, dass ich dich getroffen habe. Meine Flügel sind ganz nass, so kann ich nicht mehr nach Hause fliegen«, sagte Amelie betrübt.

»Kein Problem«, brummte Franz, der Waschbär. »Ich kann dich tragen.«

Und so machten sich die beiden auf den Weg. Dabei plauderten, lachten und sangen sie. Auf der Glockenblumenwiese wurde Amelie von den anderen Feen schon ungeduldig erwartet.

»Wie war dein Abenteuer?«, wollten sie wissen. »Wir haben uns solche Sorgen um dich gemacht!«

»Erst war es schön, dann wurde es schlimm, und dann war es wieder wunderschön«, erzählte Amelie. Sie lächelte den Waschbären an. »Wollen wir morgen wieder zusammen losziehen?«

»Aber gern!«, brummte der Waschbär. Und die anderen Feen wollten dieses Mal sogar auch mitkommen.

Was war dein letztes Abenteuer?

Prinzessin Ringelsocke will zelten gehen

Eine Geschichte von Margit Auer
Mit Bildern von Ina Worms

Die Sonne schien und Prinzessin Ringelsocke war langweilig. Sie hatte es satt, den ganzen Tag in ihrem Schloss herumzusitzen und Diamanten zu zählen. »Was nutzt mir der ganze Reichtum, wenn ich dabei immerzu gähnen muss.« Kurz entschlossen ging sie in den Stall und sattelte ihr Pferd namens Sausewind.

Zuvor hatte sie in ihrem Schlafgemach die wichtigsten Sachen zusammengesucht: ihren Schlafanzug mit den goldenen Sternchen vorne drauf, ihre Filzpantoffeln, ihre Ringelsocken, ihren Schlafsack und das Zelt, das sie von Onkel Ferdinand zu ihrem fünften Geburtstag bekommen hatte. Das alles stopfte sie in eine große Tasche, die sie Sausewind auf den Rücken band.

In der Schlossküche hatte Prinzessin Ringelsocke einen Zettel hinterlassen. Darauf stand: »Bin zelten beim kleinen Schlosswald! Komme morgen zum Frühstück wieder. Ich hätte dann gerne gebutterten Toast, Himbeermarmelade, ein Schälchen Obstsalat und frisch gepressten Orangensaft. Viele Grüße! Prinzessin Ringelsocke!«

Dann lief sie schnell in den Stall und setzte sich auf Sausewinds Rücken. Gemeinsam sprangen sie über Bäche und Hecken, sie galoppierten über Wiesen und Felder, bis beide völlig außer Puste waren. Auf einer Lichtung des kleinen Schlosswaldes baute Prinzessin Ringelsocke dann ihr Lager auf. In der Nähe plätscherte ein Bach.

Sie legte sich ins Gras, plauderte mit Sausewind und sah dabei zu, wie die Abendsonne langsam hinter dem Schloss unterging.

»Ist es nicht herrlich, in der Abendsonne zu liegen und darauf zu warten, dass es dunkel wird? Weißt du, ich war noch nie eine ganze Nacht lang draußen.«

Sausewind wieherte aufmunternd: »Dann wird's ja Zeit, Prinzessin Ringelsocke.«

Sie lag da und schaute in den Himmel. Jetzt wurde ihr doch langsam ein wenig kalt. Sie wollte gerade ins Zelt gehen, um ihre Ringelsocken überzuziehen, da hörte sie ein Rascheln.

»Wer ist da?«, fragte sie mutig.

»Niemand«, kam es kichernd zurück.

Aus dem Gebüsch trat ein Junge hervor. Es war Johannes aus dem Nachbarschloss. »Ich wollte zum Spielen kommen, aber du warst nicht da! Die Küchenhilfe hat mir gesagt, was du vorhast. Da bin ich schnell nach Hause gelaufen, habe meinen Eltern Bescheid gesagt und die wichtigsten Sachen zusammengepackt und jetzt bin ich hier!«

Johannes hatte einen Rucksack dabei, dessen Inhalt er jetzt auf den Boden schüttete. Heraus purzelten eine Decke, Brot und Wurst. Da merkte Prinzessin Ringelsocke, wie hungrig sie war. Die Freunde aßen Wurstbrote und tranken Wasser aus dem Bach. Dann spielten sie eine Runde Fangen und dann eine Runde Verstecken. Die Sonne war schon fast untergegangen.

Als es ganz dunkel wurde, krochen sie ins Zelt. Prinzessin Ringelsocke schlüpfte in ihren Schlafanzug und zog sich ihre Ringelsocken über. Weil Johannes seine Strümpfe vergessen hatte, bekam er ihre Filzpantoffeln.

So lagen sie da und lauschten in die Nacht. Es war ein bisschen gruselig, aber auch schön! Zweige knacksten, ein Käuzchen schrie. Die Luft roch ganz anders als tagsüber: frischer, würziger.

Prinzessin Ringelsocke flüsterte leise: »Schön ist es, nachts draußen zu sein.«

Das fand Johannes auch. Und zusammen war es besonders schön! Sie erzählten sich noch ein paar Abenteuergeschichten und schliefen bald darauf ein.

Am nächsten Morgen zwitscherten die Vögel so laut, dass Prinzessin Ringelsocke schon früh erwachte. Sie steckte ihren Kopf aus dem Zelt. Die Sonne war gerade dabei, an den Himmel zu klettern. Die kleine Prinzessin reckte und streckte sich. Dann weckte sie Johannes, damit sie gemeinsam barfuß über die taunasse Wiese hopsen konnten.

Doch irgendwann meldete sich Prinzessin Ringelsockes Bauch mit einem lauten Grummeln. Sie hatte schon wieder schrecklichen Hunger. »Lass uns zum Schloss zurückreiten und frühstücken!«, rief sie Johannes zu, der gerade einen Baum hochkletterte. Sie packten ihre Sachen zusammen und machten sich auf den Rückweg. Zu Hause im Speisesaal mampften die beiden Schlosskinder glücklich vor sich hin. Nach so einer schönen Nacht im Zelt schmeckten gebutterter Toast, Himbeermarmelade, Obstsalat und ein frisch gepresster Orangensaft gleich doppelt so gut!

Hast du auch schon mal draußen übernachtet?

Die drei Bärenkinder

Eine Geschichte von Margit Auer
Mit Bildern von Ina Worms

Es waren einmal drei Bärenkinder. Sie hießen Frederic, Paula und Matze und trafen sich regelmäßig zum Spielen an ihrem Baumhaus. Heute wollten sie kochen und die anderen Waldbewohner zum Essen einladen.

Frederic stand schon oben auf dem Baumhaus neben dem Flaschenzug. Paula und Matze blieben unten und füllten einen Korb mit Zutaten für eine leckere Suppe: Zapfen, Gänseblümchen, Grashalme und Blätter. Alles wanderte erst in den Korb und dann in den Topf.

Frederic begann damit, alle Zutaten zu verrühren. »Das wird lecker!«, rief er nach unten. »Die anderen Tiere werden sich freuen!«

Paula nagelte ein Schild quer über das Baumhaus. »Bärenklause«, stand darauf. »Herzliche Einladung! Am Nachmittag gibt's Waldsuppe!«

Matze beschloss, Beeren für einen Nachtisch zu sammeln. Aber den anderen sagte er davon nichts, denn der Nachtisch sollte eine Überraschung werden!

Durchs Gebüsch huschte er davon. Es war warm. Die Bienen summten und irgendwo schnarchte Martha, die Eule.

Matze fand viele Beeren und freute sich sehr über sein volles Körbchen. Immer tiefer lief er in den Wald.

Es dauerte eine Weile, bis Paula und Frederic bemerkten, dass ihr Freund fehlte. Sie beschlossen sofort ihn zu suchen.

In der Nacht zuvor hatte es geregnet und so waren Matzes Tatzenabdrücke gut auf dem Waldboden zu erkennen.

»Wo wollte er nur hin?«, wunderte sich Paula.

»Hoffentlich ist er nicht zur Höhle gelaufen«, jammerte Frederic und setzte vorsichtig eine Pfote vor die andere. »Da findet er nie wieder raus!«

»Meinst du wirklich? Ist es da gefährlich?«, wollte Paula wissen, die neben ihm herlief.

»Meine Mama hat es mir gesagt und sie hat mir verboten, darin zu spielen«, antwortete Frederic.

Die Spuren führten tatsächlich zur Höhle! Paula und Frederic sahen sich erschrocken an. »Was nun?« Sie starrten in den dunklen Eingang.

»Matze, bist du da drinnen?«, rief Frederic und hörte ein Echo. »-innen, -innen.« Wie schaurig das klang!

Paula nahm all ihren Mut zusammen und tapste in den Höhleneingang. Frederic lief zögernd hinterher. Schon nach fünf Metern teilte sich der Weg, so dass jetzt drei Gänge vor ihnen lagen. Es war dunkel, und obwohl Bären ein warmes Fell haben, zitterten die beiden Bärenkinder.

»Wir brauchen Hilfe!«, entschied Paula.

Sie eilten wieder nach draußen und riefen, so laut sie konnten: »Ihr lieben Waldbewohner! Kommt bitte schnell zur großen Höhle!«

Schon bald teilte sich das Dickicht und Wurzel, das Wildschwein, trabte herbei. Ihm folgten Lilli, das Reh, der Hase Emil und Martha, die Eule, die soeben aufgewacht war. »Wo brennt's?«, rief sie.

»Matze ist da drinnen.« Paula deutete mit der Pfote in Richtung der großen Höhle.

»Wir müssen ihm helfen!«

Der schlaue Hase Emil hatte sofort eine Idee: Die Tiere bildeten eine Kette. Sie nahmen erst den linken Gang. Martha, die im Dunkeln gut sehen konnte, flog vorneweg, die anderen liefen hinterher. Doch da war Matze nicht. Dann nahmen sie den rechten Gang. Auch hier: kein Matze weit und breit. Schließlich nahmen sie den mittleren Gang und gingen geradeaus.

Und dort fanden sie Matze! Er lag auf dem Boden und schlief. Neben sich hatte er ein Körbchen Beeren stehen, der Hase Emil schnupperte daran. Sie dufteten herrlich!

»Untersteh dich«, warnte ihn Paula und betrachtete glücklich ihren Bärenfreund. Die Eule Martha setzte sich auf Matzes Bauch und hüpfte wie auf einem Trampolin darauf herum. »Aufwachen!«, kreischte sie.

Matze schlug die Augen auf. »Wo bin ich?«

»In der Höhle!« Paula lächelte ihn an. »Was wolltest du hier?«

Matze rappelte sich auf. »Oh, ich habe Beeren gesucht und wurde plötzlich schrecklich müde. Draußen war es mir zu warm, also bin ich in die Höhle gegangen, um ein Nickerchen zu machen.«

»Du dummer Bär!«, schalt ihn Wurzel, das Wildschwein. »Ohne uns hättest du nie wieder rausgefunden!« Er schaute ihn streng an.

»'tschuldigung«, sagte Matze leise und hielt seinen Rettern schnell das Beerenkörbchen unter die Nase. »Ich wollte euch keinen Kummer bereiten.«

Nachdem sie die Nachspeise aufgefuttert hatten, liefen alle Tiere schnell nach draußen. Wieder schön hintereinander, damit niemand verloren ging.

»Und jetzt gibt es Waldsuppe für alle«, verkündete Matze und gemeinsam gingen sie zu ihrem Baumhaus zurück.

Was tut man, wenn man sich verlaufen hat?

Ein Stern für den Maulwurf

Eine Geschichte von Christian Tielmann
Mit Bildern von Stephan Pricken

»Da, ein Stern! Ein echter Komet!«, freute sich der kleine Maulwurf mit den schlechten Augen. Wie jeden Abend saß er auf seinem Hügel und blickte in den Himmel auf der Suche nach Sternen.

»Hihihi! Hahaha! Hohoho!«, lachten ihn die Glühwürmchen aus. »Du bist ja blind wie ein Blindfisch! Wir sind keine Sterne und keine Kometen! Wir sind doch nur Glühwürmchen.«

Da seufzte der Maulwurf tief und lang. Schon wieder waren es die Glühwürmchen und kein Stern. Dabei wünschte sich der Maulwurf so sehr, endlich die Sterne zu sehen, von denen er schon so viel gehört hatte. Sie funkelten in der Nacht, das hatte die Eule gesagt. Und es waren mehr, als man zählen konnte, das hatte die Katze verraten. Alle schienen die Sterne zu kennen. Nur der Maulwurf nicht. Der sah immer nur diese doofen Glühwürmchen, die sich über ihn lustig machten.

Aber eines Nachts, als der Maulwurf mal wieder auf seinem Lieblingsmaulwurfshügel lag und in den Himmel sah und die Glühwürmchen ihn ärgerten, da zischte eine Sternschnuppe tief und tiefer auf die Erde.

»He, Achtung! Was ist das? Was soll das?«, riefen die Glühwürmchen.

»Na, was soll schon sein? Ich bin 'ne Sternschnuppe, was denkt denn ihr?«

»Was? Du bist eine Sternschnuppe? Aber Sternschnuppen fliegen nicht bis auf die Erde!«

»Ist mir doch schnuppe!«, sagte die Sternschnuppe und funkelte stolz mit ihrem Schweif.

Die Sternschnuppe war jetzt so tief, dass auch der Maulwurf auf seinem kleinen Hügel sie erkennen konnte. Endlich! Er sprang vor Begeisterung herum und jubelte: »Ich habe einen Stern gesehen! Ich habe einen echten Stern gesehen!«

»Willst du noch mehr sehen?«, fragte die Schnuppe. »Dann schwing dich rauf! Ich kann dir jede Menge Sterne zeigen.«

Das ließ sich der Maulwurf nicht zweimal sagen.

Er schwang sich auf den Rücken der Sternschnuppe und dann flogen sie in den Himmel. Die Erde wurde kleiner, der Mond wurde größer. Die Sternschnuppe flog um den Mond herum und immer weiter ins All, bis sogar der Maulwurf die Sterne sah.

»Toll!«, sagte der Maulwurf. »Wie das glitzert. Wie das funkelt. Es sind wirklich mehr als hundert!«

»Viel, viel mehr!«, sagte die Sternschnuppe und kicherte.

Die Glühwürmchen fanden das überhaupt nicht witzig. Sie fanden das alles eine Frechheit. Als die Sternschnuppe und der Maulwurf wieder auf dem Maulwurfshügel landeten, schimpften sie: »Aber Maulwürfe können nicht fliegen. Und schon gar nicht auf einer Sternschnuppe reiten!«

»Ist mir doch schnuppe!«, sagte der Maulwurf mutig.

Die Sternschnuppe verschwand wieder im Himmel und der Maulwurf winkte ihr so lange nach, wie er sie sehen konnte. Lang war das natürlich nicht, weil der Maulwurf so schlechte Augen hatte.

Trotzdem nett von ihm, fand die Sternschnuppe.

> Was würdest du gerne mal mit deinen eigenen Augen sehen?

Geburtstag einmal anders

Eine Geschichte von Julia Breitenöder
Mit Bildern von Nina Hammerle

»Viel Glück und viel Segen auf all deinen Wegen ...« Lara blinzelt. Wer singt mitten in der Nacht? Ihre Augen fühlen sich an wie mit Alleskleber zugekleistert. Auch mit ihrem Kopf stimmt irgendetwas nicht, er tut furchtbar weh. Ist das ein Traum? Mama, Papa und Fabian stehen mit einer Kerze vorm Bett. Sie singen immer noch, jetzt: »Wie schön, dass du geboren bist«. Lara reibt sich die Augen und gähnt. Aua! Halsschmerzen hat sie auch.

»Alles Gute zum Geburtstag, Mäuschen!«, ruft Mama.

Geburtstag? Stimmt! Den hat sie ja total vergessen. Wie kann man denn seinen Geburtstag vergessen? Die Freude, die an diesem Tag sonst immer in ihrem Bauch kribbelt, ist auch nicht da. Dafür Übelkeit.

»Oh weh, du bist ja ganz heiß!«, sagt Mama erschrocken, als sie Lara die Hand auf die Stirn legt. »Das darf doch nicht wahr sein. Krank am Geburtstag! Du bist ein echter Unglückswurm.«

Das findet Lara auch. Sie würde gerne die Geschenke

auspacken, die Mama und Papa neben das Bett gelegt haben. Aber sie ist viel zu müde, um die Hände auszustrecken. Lieber schließt sie die Augen, während Mama Fieber misst und Wadenwickel macht.

»Damit müsste das Fieber bald sinken. Aber die Feier muss heute wohl ausfallen.«

Oh nein! Tränen kullern über Laras Wangen. Auf die Feier hat sie sich seit Wochen gefreut. Alle ihre Freunde sind eingeladen, sie wollen eine Schatzsuche im Wald machen und überm Lagerfeuer Stockbrot backen. Und nun? Alles futsch.

»Nicht weinen, Schätzchen.« Mamas kuhle Hand streicht über ihren Kopf. »Wir feiern einfach nach, wenn du wieder gesund bist.«

»Aber ich will heute feiern und gesund sein!«, krächzt Lara.

Mama murmelt: »Ich fürchte, dieser Geburtstagswunsch wird nicht erfüllt«, und streichelt weiter Laras Kopf.

Weinen macht müde. Als Lara die Augen wieder öffnet, strahlt die Sonne durchs Fenster. Laras Luftballon-Kopf ist ein bisschen geschrumpft und fühlt sich nicht mehr ganz so komisch an. Wenn das blöde Halsweh nicht wäre und das flaue Gefühl im Bauch …

»Ich hab ja die Geschenke noch gar nicht aufgemacht!« Lara wickelt gerade den Schmuseteddy aus, den sie sich schon so lange wünscht, als Mama ins Zimmer kommt und zum Fenster geht.

»Überraschung!«

Lara klettert aus dem Bett. Ihre Beine sind ganz wackelig, zum Glück kann sie sich an Mama festhalten.

Im Garten stehen ihre Geburtstagsgäste! Marie, Annalena, Merve, Lilith, Emil, Sandro und Victoria. Alle haben bunte Luftballons in der Hand. Als sie Lara am Fenster sehen, fangen sie an zu singen: »Zum Geburtstag viel Glück!«, und am Ende steigen die bunten Ballons in den Himmel.

Mama lächelt. »Darf ich deinen Gästen den Kuchen geben? Dir bringe ich dann Tee mit Zwieback.«

Bevor sie nach unten geht, öffnet sie das Fenster und lässt einen Korb an einer langen Schnur hinunter. Unten scharen sich alle um den Korb.

»Jetzt hochziehen!«, ruft Lilith.

Lara zieht. Der Korb ist bis oben hin voll. Mit Blumen, Briefen, kleinen Päckchen und gemalten Bildern. Jetzt kribbelt die richtige Geburtstagsfreude in Laras Bauch. Ihre Freunde sind einfach die besten! Und vielleicht ist es gar nicht so schlimm, am Geburtstag krank zu sein. So hat sie zwei Feiern – heute eine zum Zugucken, und wenn sie wieder gesund ist, eine zum Mitmachen.

Warum ist Lara vielleicht doch kein Unglückswurm?

Meine liebste Hexe Miranella

Eine Geschichte von Julia Breitenöder
Mit Bildern von Nina Hammerle

Uff! Die kleine Hexe Miranella klatscht in die Hände. Alle Kerzen auf der fünfstöckigen Geburtstagstorte brennen. Jetzt noch schnell, hex, hex, den Tisch gedeckt und alles ist vorbereitet für ihre Geburtstagsfeier. Da quietscht auch schon das Gartentor. Lina kommt! Bevor ihre Freundin klopfen kann, reißt Miranella die Tür auf.

»Herzlichen Glückwunsch!«, ruft Lina und drückt Miranella zwei in buntes Papier gewickelte Päckchen in die Hand. »Hier, für dich!«

»Oh, danke!« Miranella zieht Lina ins Haus.

»Boah, sind das viele Kerzen!« Lina starrt die Torte an. »Mehr als an unserem Weihnachtsbaum!«, sagt sie beeindruckt und guckt sich um. »Bin ich der einzige Gast?«

Miranella nickt.

»Aber ... hast du sonst keine Freunde?«, fragt Lina und guckt Miranella mit großen Augen an.

»Ach, das ist nicht so einfach. Hier in der Stadt wohnt keine Hexe außer mir, und die in der Hexenschule sind viel älter und so griesgrämig ...«

»Noch älter?«, staunt Lina.

Miranella nickt. »Die verstehen gar keinen Spaß.«

»Aber du bist eine Hexe! Kannst du dir keine Freunde herhexen?«, fragt Lina.

Miranella schüttelt den Kopf. »Brauch ich nicht. Ich hab ja dich!«

»Klar, wir sind beste Freundinnen. Aber ich hab ja auch noch andere Freunde im Kindergarten, Leo und Finja und Maja. Die sind so alt wie ich und kommen auch mit mir in die Schule«, erklärt Lina.

Miranella holt ihr Hexenbuch. »Du hast Recht. Ich sollte es versuchen. Hokuspokus, Krötenbrei, ich wünsch mir einen fünfhundertsechsundsiebzig Jahre alten Freund herbei!«

Er knallt und raucht, dann steht ein kleines Männchen mit runzligem Gesicht in der Küche und gähnt.

»Es hat geklappt!«, jubelt Miranella. »Bist du fünfhundertsechsundsiebzig Jahre alt? Spielst du mit mir?«

»Kann sein, ich zähle nicht so genau«, brummt der kleine Mann. »Zum Spielen bin ich viel zu müde!« Er läuft schnurstracks zum Bett und legt sich hin. Sekunden später schnarcht er, dass die Bilder an den Wänden wackeln.

Miranella starrt ihr Bett an. »Äähhh ... Das war wohl nichts.«

»Der ist zu alt. Wünsch dir doch eine Hexenfreundin«, sagt Lina.

»Gute Idee.« Miranella blättert wieder in ihrem Buch. »Zauber, Zauber ist nicht schwer, ich wünsch mir eine andere Hexe her!«

»Stopp! Du hättest noch sagen sollen, wie alt ...« Weiter kommt Lina nicht, denn schon sitzt eine alte Hexe mit wirren grünen Haaren und einer großen Warze auf der Nase neben ihnen am Tisch.

Ganz schräg kreischt sie los: »Oh, eine Geburtstagsfeier, wie nett! Wo ist mein Teller?«

Schnell hext Miranella ihr einen her.

»Was war das denn für ein jämmerlicher Spruch?«, meckert die Hexe, lässt den bunten Teller verschwinden und hext sich einen mit Goldrand.

»So geht das. Und überhaupt – die Torte ist schief und es ist zu wenig Zucker drin.«

»Tut mir leid, ich lerne noch«, murmelt Miranella.

»Hex die schnell wieder weg«, flüstert Lina. »Und den Schnarchzwerg gleich mit!«

»Dreimal braune Schnirkelschneck, ich wünsch mir alle Gäste weg. Außer Lina!«, ruft Miranella schnell. **Pluff** und **poff** verschwinden die Hexe und der müde Mann.

Lina lässt sich auf ihren Stuhl fallen. »Puh, das ist wirklich nicht so einfach.«

»Sag ich doch: Mir reicht eine beste Freundin«, sagt Miranella. »Auch wenn du nicht hexen kannst und fünfhundertsiebzig Jahre jünger bist.«

»Na und?« Lina lacht. »Dafür schnarche ich auch nicht in deinem Bett oder meckere an allem herum!«

Miranella nickt zustimmend. Außerdem können die beiden Freundinnen die Geburtstagstorte jetzt ganz alleine aufessen.
Das wird ein Fest!

Wie feierst du am liebsten deinen Geburtstag?

Die Katze auf dem Baum

Eine Geschichte von Julia Breitenöder
Mit Bildern von Nina Hammerle

»Mama, guck mal!« Hannah klopft ans Fenster. »Da sitzt eine Katze ganz oben im Baum.«

Mama zwängt sich neben Hannah an die Scheibe. »Tatsächlich. Ich glaube, es ist die Katze von Frau Stein. Das ist die alte Dame vom anderen Ende der Straße. Sie ist seit ein paar Tagen im Krankenhaus.«

»Hat die Katze kein Zuhause mehr?«, will Hannah wissen.

»Doch, doch. Frau Steins Tochter kümmert sich um das Haus. Und um die Katze.«

»Dann muss sie die Katze da runterholen!«, ruft Hannah. »Es fängt nämlich an zu regnen.«

Mama holt das Telefon, und nach einer Weile steht die junge Frau Stein zusammen mit Hannah und ihrer Mutter im Garten und guckt ratlos in den Baum. »Tinka! Tinka, komm runter!«

Sie raschelt mit einer Packung Trockenfutter. Die Katze

dreht nicht mal den Kopf. »Sie will tagsüber nicht allein sein. Aber ich muss arbeiten!« Frau Stein seufzt. »Was soll ich denn machen?«

»Unsere Leiter ist zu kurz«, sagt Mama. »Am besten rufen wir die Feuerwehr.«

Die Feuerwehr kommt mit der langen Drehleiter. Tinka lässt sich ganz brav von einem Feuerwehrmann von ihrem Ast pflücken und in den Arm nehmen. Er gibt sie Frau Stein. Hannah drängt sich neben sie und streckt die Hand aus. Tinkas Fell ist weich und sie hält ganz still, als Hannah ihr den Kopf krault.

Am nächsten Morgen sitzt Tinka wieder auf dem Baum, ganz oben, wo die Äste dünn sind.

»Oh nein!« Mama ruft wieder bei Frau Stein an. Währenddessen setzt Hannah sich unter den Baum ins Gras. Sie guckt hoch zu Tinka. »Fehlt dir deine Besitzerin?«

Mama kommt aus dem Haus. »Frau Stein ist im Büro und kann erst am Nachmittag kommen. Vielleicht klettert Tinka bis dahin alleine runter«, sagt Mama. Sie stellt ein Schälchen mit Milch ins Gras und macht dabei: »Miez, Miez, Miez!«

Tinka rührt sich nicht.

»Ich passe auf sie auf«, sagt Hannah. Als Mama im Haus verschwunden ist, redet sie weiter mit Tinka: »Ich war auch traurig, als meine Oma gestorben ist.« Tinka hört aufmerksam zu, also erzählt Hannah ihr noch mehr von Oma, dem leckeren Apfelkuchen und den tollen Geschichten, die nur Oma erzählen konnte. Als sie hochguckt, ist Tinka ein Stück heruntergeklettert.

»Weißt du, ich hätte so gern eine Katze. Sie soll aussehen wie du.« Hannah stellt sich vor, was sie mit ihrer Katze alles erleben würde.

Als etwas Weiches ihre Hand streift, zuckt sie kurz zusammen. Mit einem leisen »Mau!« setzt Tinka sich neben sie. Vorsichtig streckt Hannah die Hand aus und streichelt die Katze. Sie fängt an zu schnurren, das klingt wie Mamas Nähmaschine.

Hannah streichelt weiter und nach einer Weile klettert Tinka auf Hannahs Schoß.

Dann steht plötzlich Mama mit Frau Stein im Garten und starrt hoch in den Baum. »Sie ist weg! Das versteh ich nicht ...« Da entdeckt sie Tinka auf Hannahs Schoß. »Oh! Ich glaube, die Feuerwehr können wir uns heute sparen.«

Frau Stein lacht. »Ich habe gerade erzählt, dass meine Mutter in ein Pflegeheim ziehen muss und Tinka nicht mitnehmen kann. Deine Mama hat gesagt, dass du dir eine Katze wünschst. Und wo ihr euch so gut versteht ... Kannst du dir vorstellen ...«

Hannah lässt Frau Stein nicht zu Ende sprechen. Sie schiebt Tinka vorsichtig zur Seite, dann springt sie auf und fällt abwechselnd ihrer Mutter und Frau Stein um den Hals. »Ob ich sie behalten mag? Und ob! Und ich kümmere mich auch gut um Tinka, versprochen! Dann muss sie auch nicht mehr auf Bäumen sitzen. Nur wenn sie will natürlich.«

Ist Tinka jetzt Hannahs Freundin?

Ferien auf dem Mars

Eine Geschichte von Christian Tielmann
Mit Bildern von Stephan Pricken

Die Zwillinge Paula und Anton hatten es richtig gut: Sie lebten in einem Haus mit zwei Erwachsenen, drei Garagen und jeder Menge Gerümpel. Papa und Mama schmissen nämlich selten etwas weg und so hatte sich mit der Zeit einiges angesammelt. Das fanden Paula und Anton prima, denn sie bauten, schraubten und bastelten für ihr Leben gern.

»Das kann ich noch reparieren«, sagte Papa, wenn der Mixer mal wieder nur qualmte, anstatt zu mixen.

»Da kann ich noch Stifte reinstellen«, sagte Mama, wenn eine Tasse nicht mehr ganz dicht war.

Und sogar als Opa seinen uralten, total kaputten Ford zum Schrottplatz bringen wollte, meinten die Eltern von Paula und Anton: »Nicht wegschmeißen! Den können die Kinder noch gebrauchen!«

Opa schüttelte den Kopf. »Wofür soll der Ford-Schrott denn noch gut sein? Das Auto hat einen Schiebedachschaden, das Getriebe ist mir letztens fast explodiert und leise rieselt der Rost aus dem Kofferraum.«

Aber Paula und Anton wussten sofort, was sie mit dem Ford-Schrott anfangen wollten.

»Das wird unser Raketen-Auto!«, sagte Anton.

»Damit fliegen wir zum Mars!«, fügte Paula hinzu. »In den Osterferien.«

»Da hörst du's«, sagte Mama und schob den Ford mit Antons und Paulas Hilfe in die dritte Garage, denn in den ersten beiden Garagen war kein Platz mehr. Dort stapelten sich Kisten und Schachteln, Fahrräder, kaputte Baumaschinen, Möbel, Luftmatratzen, uralte Tauchflaschen, allerlei ausgebaute Autoteile und jede Menge anderes Material.

Den Plan für das Raketen-Auto zeichnete Anton. Paula warf schon mal ihr Schweißgerät an. Denn im Schweißen war Paula einsame Spitze.

Die Zwillinge holten in den nächsten Tagen und Wochen allerlei Material aus dem Garagen-Gerümpel und bauten an dem Ford herum. Sie montierten Luftkissen statt Rädern. Sie schweißten einen Raketenantrieb aufs Dach. Den Motor und das Getriebe bauten sie aus, weil sie den Platz unter der Motorhaube für den Turbo und jede Menge Sauerstoffflaschen brauchten. In den rostigen Kofferraum packten sie schließlich Schlafsäcke, Verpflegung, Paulas Schweißgerät und ein Weltraum-Klo.

Am ersten Tag der Osterferien hatten sie es geschafft: Es war Abend, der Vollmond schien und das Raketen-Auto wartete startbereit in der dritten Garage. Paula und Anton waren ganz aufgeregt, als Opa zu Besuch kam.

Beim Abendessen fragte ihr Großvater: »Habt ihr euch schon überlegt, wohin ihr in den Ferien fahren wollt?«

Anton und Paula grinsten bis über alle vier Ohren. »Na, zum Mars! ... Und ihr kommt mit.«

Papa und Mama staunten erst einmal eine ganze Kiste Bauklötze und Opa verschluckte fast sein Gebiss. Doch als sie das Raketen-Auto in der Garage sahen, wussten sie, dass Anton und Paula es ernst meinten. Opa setzte sich sprachlos auf die Rückbank. Anton fing an, seinen Eltern zu erklären, wie das Raketen-Auto funktionierte. Dann klemmte Mama sich hinter das Steuer, Papa kam auf den Beifahrersitz und die Zwillinge kletterten zu Opa auf die Rücksitze.

Im Handschuhfach hatten Anton und Paula eine Menge Technik eingebaut: Hebel, Schalter, eine Fahrradluftpumpe mit Leitungen und sogar eine alte Zahnpastatube, aus der zweite Drähte guckten. »Mit der alten Zahnpastatube startest du den Turbo«, erklärte Anton.

»Helme auf!«, rief Paula.

Mama lächelte und drückte den Startknopf.

Langsam schwebte das Raketen-Auto auf den Luftkissen aus der Garage in die Nacht. Als die Rakete startete, brüllte sie laut durch die Nachbarschaft.

»Cool«, flüsterte Opa.

Dann drückte Papa auf die Tube. Und schon sauste der alte Ford die Straße entlang. Direkt vor dem Gartenhaus von Nachbar Schubert hob er ab in den Himmel.

»Juhu! Es funktioniert!«, riefen Paula und Anton wie aus einem Mund.

Bis zum Mars sind sie dann doch nicht gekommen. Denn schon in der Umlaufbahn der Erde rief Papa plötzlich: »Mensch, guckt mal, da draußen fliegt ja jede Menge Satellitenschrott rum!«

»Wo?«, fragten Mama, Anton und Paula wie aus einem Mund.

Als sie den vielen Weltraumschrott sahen, waren sie sich einig: Den mussten sie haben.

»Was soll der Unfug? Fliegt uns zum Mars! Schließlich haben wir Urlaub. Und was wollt ihr überhaupt mit dem Schrott machen?«, fragte Opa.

»Eine Raumstation!«, schlug Paula vor und freute sich, dass sie ihr Schweißgerät mitgenommen hatte.

»Eine Ferien-Raumstation«, ergänzte Anton und begann sofort einen Plan zu zeichnen.

Und den fand dann sogar Opa spitze.

Was würdest du gerne einmal selbst bauen?

Funkelnde Sterne für die Prinzessin

Eine Geschichte von Julia Breitenöder
Mit Bildern von Sabine Legien

Es ist still im Schloss. Der kleine Knappe Albert liegt gemütlich in einem Heuhaufen neben dem Stall und schaut in den Himmel. Die ersten Sterne blitzen zwischen den Wolken. Albert gähnt. »War das ein anstrengender Tag! Ich hätte nie gedacht, dass Kaninchen so schnell rennen können.«

Am Morgen hatte Prinzessin Leonore beschlossen, dass sie sich Kaninchen wünschte. Ganz viele. Und wenn Prinzessin Leonore etwas wollte, dann musste es sofort passieren. Sonst wurde sie sehr, sehr wütend.

Also hatte sich der komplette Hofstaat darangemacht, Kaninchen herbeizuschaffen. Den ganzen Tag hatte Albert die kleinen Tiere eingefangen, die Zauberer Hokuspokus aus seinem Hut zog. Nun saß Prinzessin Leonore glücklich inmitten ihrer Kaninchenschar.

»Und so schnell fällt ihr hoffentlich nichts Neues ein, das sie unbedingt haben muss«, murmelt Albert und macht die Augen zu.

»Ich will Sterne! Holt sie mir vom Himmel! Alle! Los!«, gellt Prinzessin Leonores Stimme durch die Nacht.

Albert schreckt hoch. »Wie? Was? Sterne? Wo?« Er reibt sich die Augen. Plötzlich kracht etwas gegen sein Bein. »Autsch! Pass doch auf, das war mein Fuß!«

Neben dem Heuhaufen liegt Ritter Rosenblatt mit der längsten Leiter aus dem Stall. Jetzt rappelt er sich mit klappernder Rüstung auf und stottert: »Ent-ent-ent-schuldigung! Ich hab-hab-habe dich gar ni-ni- nicht gesehen.«

»Was willst du denn damit?«, fragt Albert und zeigt auf die Leiter.

Rosenblatt schultert die Leiter und zeigt nach oben. »Na-na-na was wohl? St-st-sterne holen.«

»Mit einer Leiter?«, ruft Albert und lacht. »Das klappt doch nie!«

»D-d-doch. Das mu-mu-muss klappen«, beharrt Rosenblatt und scheppert davon.

»Das will ich sehen«, beschließt Albert und folgt ihm.

Rosenblatt schleppt die Leiter auf den höchsten Schlossturm, lehnt sie ans Dach und steigt hinauf.

»Komm wieder runter! Das ist viel zu gefährlich!«, brüllt Albert zu ihm hoch, aber Rosenblatt klettert einfach weiter und ruft zurück: »Ich werde Prinzessin Leonore den ersten Stern bringen!«

Albert schüttelt den Kopf. »Prinzessin Leonores Wunsch ist diesmal einfach unerfüllbar.«

»Unerfüllbar?«, schreit Rosenblatt und fällt vor Schreck fast von der Leiter. »Auf keinen Fall! Wenn sie keine Sterne bekommt, wird die Prinzessin furchtbar wütend!«

Albert zuckt mit den Schultern. »Dann probier es halt.«

Er lässt Rosenblatt auf der Leiter zappeln und läuft weiter.

Hofnarr Flux rollt eine Tonne auf den Hof, stapelt Holz auf und schleppt schließlich ein Fässchen mit Schießpulver heran.

»Was tust du da?«, fragt Albert.

Flux lacht. »Na, was wohl? Ich werde der Prinzessin den ersten Stern bringen. Aber mit einer Leiter kommt man da ja nicht dran. Ich werde mich zu den Sternen hochschießen!«

Albert schüttelt den Kopf. »Ich glaube nicht, dass das funktioniert«, murmelt er und geht weiter.

Zauberer Hokuspokus blättert mit gerunzelter Stirn in seinem Buch mit Zaubersprüchen.

»Kannst du die Sterne vom Himmel zaubern?«, erkundigt sich Albert.

Hokuspokus seufzt. »Wenn das so einfach wäre … aber vielleicht gibt es doch eine Möglichkeit ...« Er kratzt sich mit dem Zauberstab hinterm Ohr und blättert weiter.

»Ihr macht es euch viel zu schwer«, verkündet Prinz Sigismund. Mit einer Schatulle unterm Arm kommt er gerade aus der Schatzkammer. »Ich werde Leonore jetzt eine Kiste voller Sterne bringen.«

Das will Albert nicht verpassen. Er folgt Sigismund in den großen Saal, wo Leonore mit mürrischem Gesicht zwischen ihren ganzen Kaninchen sitzt.

»Wie lange soll ich denn noch warten?«, murrt sie.

»Gar nicht mehr!«, ruft Prinz Sigismund und öffnet den Deckel der Schatulle. Edelsteine in allen Farben funkeln im Licht. Leonores Augen funkeln ebenfalls. »Oh! Wie wunderschön sind die Sterne von nahem!« Vorsichtig nimmt sie einen glitzernden Stein in die Hand und trägt ihn zum Fenster. Sie schaut zum Himmel. »Aber ... die Sterne stehen ja noch alle dort oben! Das ist kein echter Stern! Sigismund! Du wolltest mich reinlegen!«, schimpft Leonore und knallt den Schatullendeckel zu. »Ich will echte Sterne!«

»Echte Sterne? Wie Ihr befehlt, Prinzessin!« Seinen Zauberstab schwenkend, betritt Hokuspokus den Saal. Er weicht drei Kaninchen aus, dann murmelt er einen Spruch. Golden glitzernde Sterne wirbeln über die Decke, sprühen Funken, kreisen um den Kronleuchter und verpuffen schließlich.

Albert grinst. Ein Feuerwerk! Hokuspokus hat wirklich gute Ideen! Leonore starrt mit offenem Mund an die Decke, bis der letzte Stern verschwunden ist. Dann dreht sie sich zum Zauberer.

»Unterhaltsam, gewiss, lieber Hokuspokus. Aber ich möchte Sterne, die bei mir bleiben und nicht gleich wieder verschwinden.«

Hokuspokus seufzt. Inzwischen sind auch Hofnarr Flux mit rußverschmiertem Gesicht und Ritter Rosenblatt mit Dellen in der Rüstung und einer Beule an der Stirn erschienen.

»Und?«, erkundigt sich die Prinzessin. »Was bringt ihr mir?«

Betreten sehen alle auf den Boden. Kein Stern für Prinzessin Leonore. Sie schimpft fürchterlich. Und befiehlt: »Morgen holt ihr die Sterne vom Himmel! Strengt euch mehr an!«

Todmüde fällt Albert ins Heu. Er träumt von Sternen, die vom Himmel fallen, aber leider ist beim Aufwachen keiner mehr da. Dafür nieseln unaufhörlich Regentropfen aus dicken Wolken.

Irgendwie muss Leonore doch ein paar Sterne bekommen können! Albert grübelt den ganzen Tag. Und als er zum Himmel guckt, hat er eine Idee.

»Wie weit müssen wir bei diesem schrecklichen Wetter denn noch gehen?«, beschwert sich Prinzessin Leonore wenig später. Albert reicht ihr die Hand und hilft ihr, über eine Pfütze zu springen.

»Nicht mehr weit, Prinzessin«, antwortet er. »Ihr wisst doch, dass Sterne sich im Wasser spiegeln? Und manchmal, an Tagen wie heute, bleiben sie einfach eine Weile am See«, erklärt Albert und führt Leonore ans Ufer. »Seht Ihr?«

Und Leonore sieht. Auf dem Wasser schwimmen unzählige leuchtende Sterne. Und auch darüber in der Luft wirbeln strahlende Punkte herum. Schnell schaut die Prinzessin zum Himmel. Dort ist kein einziger Stern zu sehen.

Prinzessin Leonore lächelt. Den Regen hat sie vergessen, sie hat nur Augen für die schwimmenden und schwebenden Sterne. Albert setzt sich neben ihr ans Ufer und bedankt sich in Gedanken bei den Glühwürmchen, den schwimmenden Kerzen, die Hokuspokus gezaubert hat, und den Wolken, die die Sterne verdecken.

Es ist still im Schloss. Zumindest so lange, bis Prinzessin Leonore den nächsten Wunsch hat. Aber dann fällt Albert bestimmt wieder etwas ein.

Warum ist Prinzessin Leonore sauer auf Prinz Sigismund?

Luzie und die Außerirdischen

Eine Geschichte von Christian Tielmann
Mit Bildern von Stephan Pricken

Luzie war eigentlich nie an etwas schuld. Denn sie dachte sich immer die allerbesten Ausreden aus. Als sie Omas scheußliche Blumenvase aus Versehen zerdepperte, sagte Luzie nicht: »Entschuldigung. Tut mir leid. Die kleb ich wieder.«

Luzie sagte: »Das war ich nicht!«

»Wer denn dann?«, fragte Oma.

»Das war der kleine unsichtbare Drache, der sich unter deinem Kühlschrank versteckt hat«, sagte Luzie.

»Da hab ich aber gestern noch gewischt und da habe ich keinen Drachen gesehen«, knurrte Oma.

»Ja eben. Der ist ja auch unsichtbar. Und er kann sich gut verstecken«, antwortete Luzie.

So machte sie das immer: Es gab kleine Drachen und Ritter und zickige Prinzessinnen in Luzies Leben und die waren einfach schuld an allem.

Sie schmissen Vasen um und klauten Süßigkeiten aus Mamas Schrank, sie lenkten Luzie vom Zähneputzen ab und pinkelten ins Klo ohne abzuziehen.

Natürlich gab es diese unsichtbaren Drachen, Ritter und Prinzessinnen nicht wirklich. Die dachte sich Luzie nur aus, damit sie nicht »Entschuldigung« sagen musste, wenn sie mal wieder etwas angestellt hatte. Das klappte auch eigentlich ganz prima, fand Luzie. Aber dann passierte die Sache mit der Badewanne. Damit hatte Luzie nicht gerechnet.

Es war an einem Mittwoch. Mama stand mit dem Werkzeugkasten in der Küche. Sie versuchte die Waschmaschine zu reparieren. Luzie saß währenddessen in der Badewanne. Es war Sommer und das Badezimmerfenster war offen. Luzie nahm extraviel von Mamas Shampoo. Das durfte sie eigentlich nicht, aber das Shampoo machte erstens einen super Schaum und roch zweitens **sooo** gut. Mit einem duftenden Schaumberg auf dem Kopf blinzelte Luzie Richtung Fenster, als sie etwas ins Zimmer fliegen sah, das dann mitten in Luzies Badewasserschaum landete.

Eine kleine fliegende Untertasse war das. Ein Ufo. Und zwar ein echtes. Kein ausgedachtes.

Da ging auch schon eine Klappe am Ufo auf und drei kleine grüne Männchen guckten sich um, alle nicht länger als ein Streichholz.

»Mehr Wasser! Mehr Wasser!«, riefen sie direkt.

Luzie stellte das Wasser noch mal an und ließ etwas mehr in die Badewanne laufen. Das Ufo begann in den Badewannenwellen zu schwanken. Die Außerirdischen lachten und fingen an Seemannslieder zu singen.

Bis Luzie das Wasser ausstellte. Da war es vorbei mit Lachen.

»Mehr Wasser! Mehr Wasser!«, riefen sie und zwar immer lauter. Sie wurden rot statt grün und waren stinksauer.

Aber Luzie sagte: »Nö, wenn ich jetzt das Wasser andrehe, dann läuft die Badewanne über. Und wer kriegt dann den Ärger? Ich natürlich.«

»Du natürlich!«, sagten die Außerirdischen. Dann lachten sie und riefen wieder: »Mehr Wasser! Mehr Wasser!« Aber Luzie dachte gar nicht daran, das Wasser wieder aufzudrehen.

Da sprang einer der drei vom Ufo an den Rand der Badewanne. Anscheinend hatte er Saugnäpfe an den Händen, denn er kletterte ganz locker an der Badewanne hinauf bis zum Wasserhahn und drehte ihn auf. Luzie hätte nie gedacht, dass so ein kleines Männchen so stark sein konnte. Die drei waren sogar noch viel stärker: Denn als Luzie versuchte das Wasser wieder abzudrehen, sprangen die beiden anderen ihrem Freund zur Hilfe. Luzie konnte den Hahn keinen Millimeter bewegen, die Männchen waren stärker als sie. »Mehr Wasser!«, riefen sie lachend.

»Ihr spinnt, das gibt tierisch Ärger und eine Riesensauerei!«, rief Luzie. Aber es war nichts zu machen: Das Wasser lief und lief und lief und die Außerirdischen hielten den Wasserhahn fest.

»Luzie! Mach nicht so ein Geschrei!«, rief Mama aus der Küche.

Die Außerirdischen lachten. »Nicht so ein Geschrei! Nicht so ein Geschrei!«, riefen sie und sangen wieder ein Seemannslied, während das Wasser über den Rand der Wanne schwappte.

»Stopp!«, schrie Luzie. Und weil die drei einfach nicht auf sie hören wollten, rief Luzie schließlich ihre Mutter.

Vor der schienen die Außerirdischen Angst zu haben. Blitzschnell versteckten sie sich in ihrem Ufo, als Mama ins Badezimmer kam.

»Oh Luzie!«, schimpfte Mama direkt los. »Was soll denn die Überschwemmung?« Der ganze Badezimmerboden war schon voller Wasser. Ihre Mutter drehte den Hahn zu.

»Ich war das nicht«, sagte Luzie.

Mama verdrehte nur die Augen.

»Los, raus mit dir und abtrocknen.« Sie war richtig sauer. »In der

Waschmaschine haben wir zu wenig Wasser und hier zu viel!«, schimpfte sie vor sich hin.

»Aber ich war das echt nicht, Mama!«, sagte Luzie, während sie sich selbst und Mama den Boden abtrocknete. »Das waren drei klitzekleine, aber bärenstarke Außerirdische. Die sind durchs Fenster reingeflogen und haben das Wasser angestellt und sie waren so stark, dass ich es nicht ausstellen konnte.«

»Und das soll ich dir glauben?«, fragte Mama.

Luzie nickte.

»Haben die auch mein Shampoo leer gemacht?«, seufzte Mama, als sie die fast leere Flasche entdeckte.

Luzie schüttelte den Kopf. Sie flüsterte: »Nein, das war ich. Es roch so gut. Entschuldigung.«

Als Luzie das sagte, wurde ihre Mutter noch wütender. »Aha! – Und wo sind diese Außerirdischen jetzt?«

Luzie holte das Ufo aus dem Badewasser. Sie drückte es Mama in die Hand und zog sich ihren Schlafanzug an.

»Aber auf mich hören sie nicht«, sagte Luzie.

Mama öffnete den Deckel des Ufos. Die drei Außerirdischen guckten sie ganz ängstlich an. Luzies Mama sperrte den Mund auf. Und klappte ihn wieder zu. Sie brachte erst keinen Ton raus. Aber als sie kapiert hatte, dass das ein paar echte Außerirdische waren und die gerade ihr Badezimmer unter Wasser gesetzt hatten, sagte sie: »So, ihr Spaßvögel, jetzt passt mal auf! Luzie hat gesagt, dass ihr gerne im Wasser schaukelt. Wir haben hier ein ganz tolles Wasserkarussell.«

Luzie kapierte sofort, was Mama meinte: die Waschmaschine in der Küche!

Da strahlten die drei Außerirdischen und hüpften vor Freude. »Mehr Wasser! Mehr Wasser!«

»Aber leider ist das Wasserkarussell kaputt!«, sagte Mama.

Da guckten die drei traurig.

»Könnt ihr es reparieren?«, fragte Mama. »Dann dürft ihr auch eine Runde mitfahren.«

»Au ja!«, riefen die Außerirdischen und stimmten schon ein Seemannslied an.

»Aber danach verschwindet ihr wieder!«, sagte Mama.

»Ab die Post und klar die Kutsche!«, sagte einer der Außerirdischen.

Das hörte sich für Luzie und Mama wie ein Versprechen an. Also brachten sie die drei kleinen, aber starken Außerirdischen in die Küche. Mama setzte sie auf die Maschine und sofort fingen die drei an zu schrauben. Sie waren super Handwerker. Kein Wunder, sie konnten ja auch Raumschiffe bauen, da war so eine kaputte Waschmaschine natürlich kein Problem. Zum Dank durften die Jungs dann eine Runde mitfahren.

»30 Grad, damit es nicht zu heiß wird«, sagte Luzies Mama. Sie setzte die drei in die Waschmaschine und Luzie stellte die Temperatur und den Kurzwaschgang ein. Los ging die Fahrt.

Die drei hatten den größten Spaß aller Zeiten.

»Küssi-küssi, tschüssi-tschüssi!«, riefen sie, als Luzie sie am Ende des Waschprogramms mit ihren Pullis aus der Maschine zog. Sofort hüpften sie in ihr Ufo und brausten durch das offene Küchenfenster davon.

»Entschuldige, dass ich dir nicht geglaubt habe, Luzie«, sagte Mama. Dann legte sie den Kopf schief. »Aber sag mal: Diese unsichtbaren Drachen und Ritter und Prinzessinnen, gibt es die etwa auch echt?«

Luzie sah verlegen auf den Boden. Aber dann hob sie den Kopf und sah Mama mutig in die Augen. »Nee, die habe ich mir wirklich immer nur ausgedacht.«

Mama lächelte und atmete einmal tief aus. »Da bin ich aber froh!«

Warum hat Luzie immer geflunkert?

Janna außer Rand und Band

Eine Geschichte von Tobias Bungter
Mit Bildern von Marion Elitez

Jannas Vater zupft hektisch an seiner Jacke herum und schielt auf die Uhr.

»Janna«, sagt er streng, »ich werde nur eine Stunde lang weg sein. Wirst du es schaffen, in dieser Zeit kein Chaos anzurichten?«

Janna zuckt mit den Schultern. »Klaro, Papa.«

»Du darfst sogar fernsehen.«

»Fernsehen finde ich doof.«

»Dann spiel etwas Schönes. Aber nicht schon wieder Piratenspiele!«

»Mal gucken«, sagt Janna und tut dabei so, als wäre es ihr ganz egal. In Wirklichkeit kann sie es kaum erwarten, dass ihr Papa weg ist. Denn dann kann sie nach Lust und Laune Piratenspiele spielen.

»Tschüss, Papa!«

Endlich fällt die Tür ins Schloss. Janna rast ins Kinderzimmer.

»Die Luft ist rein!«

Hansi, der Wellensittich, legt den Kopf schräg. »Spielen wir jetzt Piraten?«, fragt er.

»Klar!«

Molli, das Meerschweinchen, reckt die Nase in die Luft und schnüffelt.

»Darf ich auch mitmachen?«

»Natürlich, Molli.«

Janna befreit die beiden aus ihren Käfigen. Zu dritt sprinten sie ins Badezimmer und wecken den Wäschekorb, der still in seiner Ecke schläft.

»Uuuaaaah!«, gähnt er. »Geht's wieder los?«

»Ja!«, zwitschert Hansi.

»Willst du wieder das Piratenschiff sein?«, fragt Molli.

»Gerne«, sagt der Wäschekorb, und die drei gehen an Bord.

»Dann bin ich der Mast«, ruft der Schrubber und stellt sich in die Mitte des Wäschekorbs. Ein Saunahandtuch übernimmt die Rolle des Segels, zwei Wäscheklammern helfen ihm, damit es nicht vom Mast rutscht. Der Föhn schaltet sich auf die höchste Stufe.

»Ich mache Wwwwwwwwind!«

Das Wäschekorb-Schrubber-Handtuch-Piratenschiff segelt durch die Wohnung bis in die Küche. Als Janna das Schiff in Richtung Spüle steuert, rumpelt und klopft es von innen gegen die Kühlschranktür.

»Halt!«, ruft Hansi von seiner Aussichtsposition an der Spitze des Schrubbers. »Es wollen Matrosen an Bord gehen.«

Aus dem Kühlschrank haben vier Karotten, eine Handvoll Limetten und eine Aubergine Lust mitzuspielen. Bei der Spüle holt Janna den Abflussstopfen und seine Kette ab, die es sich als Anker ganz vorn im Schiff gemütlich machen. Eine leere Küchenrolle springt auch an Bord. Sie möchte eine Kanone sein und ein Käsemesser Käpt'n Jannas Piratensäbel.

Auf diese Weise ausgestattet segelt Jannas Schiff ins Kinderzimmer. Hier wird es richtig voll im Korb: Teddybären, Kuschelhasen, Schnuffeltücher, Häkelpuppen, Plastikritter, Einhornfiguren und sogar die Lokomotive der Holzeisenbahn – sie alle wollen heute Piraten sein. Janna ist stolz auf ihre Mannschaft.

»Ihr tapferen Freibeuter! Auf ins Wohnzimmer!«

Im Wohnzimmer liegt der große blaue Teppich, der so gerne Wellen schlägt und den Wäschekorb hin und her wirft wie ein richtiges Meer. Ein paar Bücher aus dem Bücherregal flattern wie Möwen und Albatrosse durch die Luft. Janna macht das Spiel Spaß.

»Mehr! Mehr!«, ruft sie.

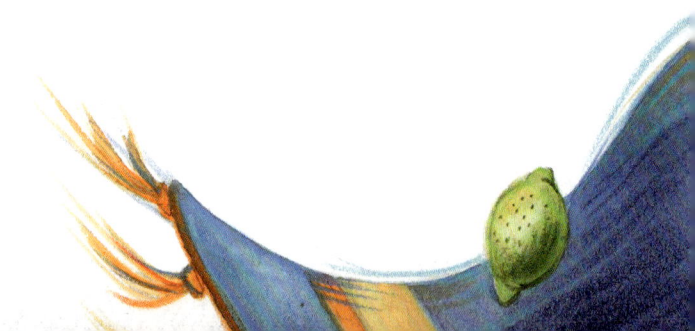

Der Teppich macht immer größere Wellen. Janna muss sich an den Rand des Wäschekorbs klammern, um nicht über Bord zu gehen. Immer mehr Bücher flattern aus den Regalen und fliegen im ganzen Wohnzimmer herum. Die Küchenpapierrolle feuert Limetten in alle Richtungen. Hansi und Molli jagen einander hin und her. Die Kuscheltiere stimmen Matrosenlieder an.

»Halt!«, ruft Janna. »Nicht so wild!«

Doch die Mannschaft hört nicht mehr auf ihren Kapitän. Das Spiel ist außer Rand und Band. In diesem Augenblick hört Janna, wie sich die Haustür öffnet. Ihr Vater kommt zurück! Janna fasst sich ein Herz und springt von Bord.

»Piraten!«, ruft sie. »Ich gebe euch fünf Minuten!«

Sie rennt über den wild gewordenen Teppich, duckt sich unter fliegenden Büchern und herumsausenden Limetten hindurch und zieht die Tür des Wohnzimmers hinter sich zu.

»Hallo, Papa!«

»Hallo, meine Liebe. Der Termin hat zum Glück doch nicht so lang gedauert. Was hast du gemacht?«

»Ach, nichts Besonderes.«

Jannas Vater geht in Richtung Wohnzimmer, doch Janna stellt sich mitten vor die Tür. Im Handumdrehen erfindet sie eine Geschichte, die von den Außerirdischen Xorx Morx vom Planeten Morx Xorx handelt. Sie redet und redet, bis ihr nichts mehr einfällt. Ihr Vater lacht, geht einfach an Janna vorbei und öffnet die Tür zum Wohnzimmer. Jannas Herz bleibt fast stehen. Aber das Wohnzimmer sieht aus wie immer. Nur eine Limette, die unter der Kommode liegt, lässt Janna schnell in der Hosentasche verschwinden. Wie schön, denkt sie, dass man sich auf Piraten verlassen kann. Sie zwinkert dem blauen Teppich zu. Bis zum nächsten Piratenspiel!

Was benutzt Janna als Piratenschiff?

Sissi Sonnenfreund

Eine Geschichte von Julia Breitenöder
Mit Bildern von Caroline Petersen

Es hat geschneit in Wichtelhausen! Die Weihnachtswichtel Lars und Bengt machen eine Schneeballschlacht.

»Nicht getroffen!«, freut sich Lars. Er duckt sich hinter einen Baum und schmeißt seinen Schneeball auf Bengt. **Patsch!** Mitten ins Gesicht!

Bengt prustet und wirft einen Ball zurück. **Plock!**

Lars schreit auf: »Aua! Das tat weh!« Er reibt sich den Kopf.

Bengt protestiert: »Das war ganz normaler Schnee! Und ich hab gar nicht fest geworfen, ich wollte dir nicht wehtun.«

Auf Lars' Stirn wächst eine Beule. »Das war aber hart«, jammert er.

Bengt sieht sich um. Was liegt da im Schnee? Er ruft: »Das war kein Schneeball! Da ist eine Nuss vom Himmel gefallen!«

Lars wundert sich. »Wie geht denn das?«

»Vielleicht hat ein Vogel sie verloren«, vermutet Bengt. »Guck, die Schale ist aufgebrochen. Wir essen die Nuss jetzt einfach.«

Gemeinsam stemmen sie die Schale auf. Huch! Was ist das?

In der Schale finden sie keine leckere Nuss, sondern ein Mädchen, etwas kleiner als ein Wichtel, ganz zusammengerollt. Es gähnt und reibt sich die Augen. Dann blinzelt es und sieht sich um.

»Wo bin ich?«, fragt es.

Lars sagt: »In Wichtelhausen. Wir sind Lars und Bengt. Und wer bist du?«

»Sissi Sonnenfreund, die Sommerfee«, sagt das Mädchen und setzt sich auf. »Bei euch ist es aber – hicks – kalt.«

»Im Wichtelland ist immer Winter«, erklärt Bengt.

Sissi schüttelt sich und hickst. »Immer wenn es kalt ist – hicks –, bekomme ich Schluckauf. Hicks.«

»Du musst dich warm anziehen«, sagt Lars und zeigt auf ihr Kleid.

»Ich – hicks – hab aber nichts anderes. Ich komme aus dem Sommerland. Hicks. Ich verstehe gar nicht, wie ich hierhin komme.«

»Ich glaube, ein Vogel hat dich getragen«, sagt Lars.

Sissi nickt. »Wenn ich – hicks – schon mal hier bin, kann ich mir – hicks – den Winter ja auch anschauen.«

Lars nimmt ihre Hand und ruft: »Wir zeigen dir alles. Aber erst bekommst du Winterkleider.«

Kurz danach ziehen Lars und Bengt mit einer dick eingemummten

Sissi über die Wiese. Sie trägt warme Stiefel, einen Mantel, Schal, Mütze und Handschuhe – und hat trotzdem noch Schluckauf.

»Erst fahren wir Schlitten«, sagt Bengt. Er zieht den Schlitten den Berg hoch und saust gemeinsam mit Sissi hinunter.

»Hick! Das ist – hicks – lustig! Aber – hick – zu kalt!«, kichert Sissi. Sie zieht einen Zauberstab unter dem Mantel hervor. Sie schwenkt ihn und flüstert: »Zauberstab im Feenarm, mach den kalten Schnee schnell warm!«

Lars ruft: »Komm, Sissi! Wir fahren noch mal.« Aber der Schlitten kommt kaum vorwärts. »Nanu? Was ist denn los?«, wundert sich Lars. »Warum ist der Schnee plötzlich so matschig? Und warm?«

»Äh, tut mir leid, das war ich«, sagt Sissi. »Ich wollte es ein bisschen wärmer haben.«

Lars seufzt. »Aber Schnee ist nur schön, wenn er kalt ist. Jetzt können wir nicht Schlitten fahren.«

Sissi nimmt wieder den Zauberstab. »Na gut, oje, dann mach ich eben kalten Schnee.«

Jetzt saust der Schlitten den Hang hinunter, Sissi und Lars kreischen vor Freude. Und Sissi hickst: »Hicks! Das ist – hickihicks – toll!«

Bengt rollt Kugeln für einen Schneemann. »So baut man Schneewichtel!«

Sissi baut mit, sie hickst jetzt ohne Pause. Nach einer Weile reibt sie ihre kalten Hände und murmelt: »Zu viel Schnee und zu viel Eis, alles Weiße werde heiß!«

Lars lässt den Schneemannkopf fallen und schreit: »Aaaaaauuuaaa! Ich hab mir die Finger verbrannt!«

»Verbrannt?«, fragt Bengt. »Das geht doch gar nicht.« Vorsichtig stupst er gegen den Schneemann. »Verflixt! Der Schnee ist wirklich heiß!«

Beide Wichtel schauen zu Sissi, die ganz ohne Schluckauf Muster in den Schnee zeichnet.

»Menno, Sissi, das geht nicht! Unser Schnee muss kalt sein.«

Seufzend macht Sissi ihren Zauber rückgängig. »Dann kann – hick – ich leider nicht – hicks – bleiben«, sagt sie.

»Wir hätten so gern noch mit dir gespielt«, murmelt Lars.

Da hat Sissi eine Idee: »Warum besucht ihr mich nicht im Sommerland?«

Bengt und Lars sehen sich an. »Das machen wir!«

»Aber erst mal muss ich noch ein wenig schlafen und mich wieder aufwärmen.« Sissi gähnt. »Ich freue mich auf euren Besuch! Ich wohne in der großen Eiche am Sommersee. Bis bald!« Dann schwingt sie ihren Zauberstab, murmelt: »Schüttelfrost und Kälteschreck,
Sissi muss ganz schnell hier weg!«, und
ist Plopp! verschwunden.

Warum hat Sissi Schluckauf?

Prinzessin für einen Tag

Eine Geschichte von Julia Breitenöder
Mit Bildern von Sabine Legien

»Das Essen ist fertig!«, ruft Erzieherin Babsi und alle Kindergartenkinder stürmen in den Speiseraum.

»Was machen wir nach dem Mittagessen? Gehen wir wieder in den Garten?«, fragt Emily, aber Babsi lächelt nur und sagt: »Lass dich überraschen.«

Den ganzen Tag schon tut sie so geheimnisvoll! Emily und die anderen Kinder sind furchtbar gespannt, was für eine Überraschung sie wohl erwartet.

Endlich haben alle aufgegessen und ihre Teller auf den Wagen gestellt. Babsi steht auf. Sie zählt, ob alle da sind, dann öffnet sie die Kellertür.

»Da runter?«, fragt Ole.

Babsi nickt und geht die Treppe hinab. Die Kinder trappeln hinterher. Im Keller erwartet sie ein Podest aus Holz, davor stehen viele Stühle.

»Das hier«, verkündet Babsi, »ist unser neues Kellertheater.«

Ein Theater! Emily klatscht in die Hände. Wie aufregend! Ob sie sich da auch verkleiden dürfen?

»Und das Allerbeste ist: Wir wollen für eure Familien ein Theaterstück aufführen«, sagt Babsi.

Alle jubeln. Als wieder Ruhe einkehrt, verrät Babsi, dass sie *Dornröschen* spielen werden.

»Ich will Dornröschen sein!«, brüllt Lara.

»Nein, ich!«, ruft Svenja.

»Nein, nein, ich!«, schreit Aischa.

»Ich will auch Dornröschen spielen«, sagt Emily. Doch bei dem ganzen Gekreische hört das keiner. Außer Lara. Die steht direkt neben ihr und zischt zu Emily herüber: »Für ein Dornröschen bist du viel zu pummelig. Prinzessinnen sind nicht pummelig.«

Emily starrt Lara an. Das ist Blödsinn. Lara kann nicht Recht haben.

»Überlegt euch bis morgen, welche Rolle ihr spielen möchtet, dann entscheiden wir gemeinsam«, sagt Babsi.

Zu Hause erzählt Emily Oma von dem Theaterstück.
»Ich möchte so gerne Dornröschen sein.
Aber ...«

Oma hebt die Augenbrauen. »Was aber? Du wärst eine wunderbare Prinzessin.«

»Es gibt aber keine pummligen Prinzessinnen«, murmelt Emily und dreht an ihrem Zopf. »Ich würde bestimmt nicht ins Kleid passen.«

»Papperlapapp! Das ist dummes Geschwätz!« Oma schnaubt. Damit ist die Sache für sie erledigt. »Wir üben jetzt, damit du deine Traumrolle auch bekommst!«

Nun beginnt der lustige Teil des Nachmittags. Oma und Emily spielen zusammen Theater. Immer abwechselnd sind sie Dornröschen und Oma hat jede Menge gute Tipps für Emily.

Am nächsten Tag kann Emily es kaum erwarten, bis sie endlich auf die Bühne darf. Erst spielt Svenja Dornröschen. Sie lacht die ganze Zeit, und als sie hundert Jahre schlafen soll, zappelt sie ständig. Noch bevor der Prinz sie wach küssen kann, kreischt sie »Igitt!« und springt kichernd auf.

Bei Aischa läuft es auch nicht besser. Jetzt noch Lara. Die steht einfach auf der Bühne und bewegt sich nicht. Auch als sie einschlafen soll, fällt sie nicht um, sondern bleibt stocksteif stehen.

»Emily, du bist dran!«, ruft Babsi.

Emily klettert auf die Bühne. Sie denkt an alles, was Oma gestern gesagt hat, und stellt sich ganz fest vor, dass sie wirklich Dornröschen sei. Sie schreit erschrocken »Autsch!«, als sie sich an der Spindel sticht, und sinkt auf das Bett. Dort bleibt sie bewegungslos liegen, sogar, als Gunnar ein Stück über ihrer Wange laut schmatzend in die Luft küsst. Erst dann reibt sie sich die Augen, reckt und streckt sich. Schließlich schreitet sie am Arm des Prinzen durch das Schloss und dreht sich am Ende mit ihm im Tanz.

»Bravo!« Babsi beginnt zu klatschen und alle Kinder machen mit. »Das war eine prinzessinnenhaft gute Vorstellung! Ich glaube, wir haben unser Dornröschen gefunden!«

Alle nicken und Emily strahlt wie eine richtige Prinzessin.

Welches Märchen wollen die Kinder aufführen?

Der einzigartige Ranzen

Eine Geschichte von Julia Breitenöder
Mit Bildern von Annika Sauerborn

Die kleinen Feen Polly und Feli schwingen auf der Glockenblumenschaukel hin und her – und hin und her.

Polly lacht. »Das ist schöner als fliegen!«

»Ich fühle mich sowieso schon ganz leicht«, ruft Feli. »Vor Freude! Morgen fängt endlich die Feenschule an!«

Polly bremst ihre Schaukel ab und guckt Feli mit leuchtenden Augen an. »Hast du deinen Schulranzen schon?«

Feli schüttelt den Kopf. »Nein. Aber ich bekomme ihn nachher.« Sie lächelt. »Er ist ganz neu und nur für mich!«

Feli hat drei große Schwestern, bei ihnen zu Hause ist immer was los und sie haben ziemlich viel Spaß miteinander. Aber einen Nachteil gibt es: Feli erbt immer die alten Kleider ihrer großen Geschwister. Die sind ja noch gut, sagen ihre Eltern. Polly kann deshalb verstehen, dass Feli auch mal etwas haben möchte, das nur für sie alleine ist.

»Oh, wie toll! Der Ranzen sieht bestimmt wunderschön aus!«

»Ich freu mich schon so!«, jubelt Feli und stürzt sich lachend auf ihre Freundin. Die kippt um und beide Mädchen kugeln kichernd durchs Gras. Den restlichen Tag verbringen sie damit, Feenschule zu spielen.

Als die Abendkrähe krächzend vorbeifliegt, springt Feli auf.

»Oje, schon so spät?«, ruft sie erschrocken.

Feli winkt ihrer Freundin und fliegt quer über die Blumenwiese davon.

Zu Hause sitzen Mama, Papa, Flo, Fine und Fiona mit geheimnisvollen Gesichtern am Tisch. Aber Feli kann nichts essen. Sie hüpft durch die Küche und quengelt: »Bekomm ich jetzt meinen Ranzen? Bitte, Mama! Sonst platze ich vor Spannung!«

»Das wollen wir natürlich nicht. Guck mal in der Vorratskammer nach«, sagt Mama lachend und zeigt hinter sich.

Schnell flitzt Feli in den kleinen Raum neben der Küche. Da steht er! Ein knallgelber Ranzen. Aber ...

»Oh.« Mehr kann sie nicht sagen. Diesen sonnengelben Ranzen

kennt sie nämlich. Neu ist er ganz sicher nicht. Und nur für sie auch nicht.

Mama tritt neben Feli und legt ihr den Arm um die Schulter. »Flos Ranzen hat dir doch immer so gut gefallen! Deswegen bekommt sie jetzt einen alten Rucksack von Fiona und du kannst den Sonnenranzen haben.«

Felis Augen brennen wie verrückt. Krächzend bekommt sie ein Danke heraus. Dann dreht sie sich um und läuft aus der Küche. Sie wirft sich auf ihr Bett und zieht sich die Decke über den Kopf. »Alle bekommen zum Schulanfang neue Sachen, nur ich muss immer, immer die alten wiederbenutzen! Warum kann ich nicht einmal etwas als Erste haben? Was nur meins ist?«

Tränen kullern auf ihr Kissen und die ganze Schulvorfreude ist verschwunden.

Mama kommt rein und setzt sich zu ihr. Aber Feli bleibt unter der Decke. Sie will mit niemandem reden, niemanden sehen, keinen Schlafanzug anziehen, nicht die Zähne putzen. Und schon gar nicht will sie morgen in die Schule gehen. Sie bleibt einfach für immer und ewig unter der Decke.

Später schleichen ihre Schwestern ins Zimmer. Sie flüstern: »Du musst nicht traurig sein, Feli. Morgen früh ist alles wieder gut!«

Ja, ja, die haben gut reden. Dass sie nur einen ollen, zerkratzten Rest-Ranzen hat, das wird Feli auch morgen nicht vergessen haben.

Irgendwann muss sie doch eingeschlafen sein, denn sie wird wach, als ihr jemand mit einem Ruck die Decke wegzieht. »Lasst mich schlafen!«, murrt Feli und starrt Flo, Fine und Fiona böse an, die sich ums Bett versammelt haben und geheimnisvolle Gesichter machen.

»Aufwachen! Heute ist dein erster Tag an der Feenschule!«, ruft Flo.

Feli brummt und vergräbt den Kopf im Kissen.

»Wir haben eine Überraschung für dich«, sagt Fine.

Feli brummt wieder. Wahrscheinlich ein Paar alter Schuhe oder ein gebrauchtes Mäppchen.

»Guck doch mal, was wir für dich gemacht haben!«, quengelt Flo.

Jetzt ist Feli schon ein bisschen neugierig und blinzelt unter dem Kissen hervor. Vor ihrem Bett steht etwas Gelbes. Der alte

Ranzen. Den will sie gar nicht sehen! Aber irgendetwas ist anders als gestern …

Feli reibt sich die Augen. Der Ranzen ist von oben bis unten bedeckt mit bunten Blumen und Schmetterlingen! Die Träger sind plötzlich grasgrün. Vorne dran ist eine ganz neue Tasche. Alle Kratzer und Flos Kritzeleien, die gestern noch zu sehen waren, sind verschwunden. Feli springt aus dem Bett und schaut sich ihren Ranzen genau an. Alles ist neu! Sie drückt ihre Schultasche an sich und strahlt.

»Jetzt hast du dein ganz eigenes Modell. Das hatte noch niemand zuvor und so eins wird auch nie wieder jemand haben. Das haben wir alles gestern Abend noch für dich gezaubert! Und wir haben uns ganz viel Mühe gegeben!« Ihre Schwestern strahlen.

»Gefällt er dir?«, fragt Flo.

Feli grinst wie ein Honigkuchenpferd. »Ja, er gefällt mir richtig gut! Danke!« Jetzt kann sie es ganz leicht sagen.

Als dann auch noch Mama reinkommt und ihr feierlich ein neues geblümtes Kleid und eine Schultüte überreicht, schwirrt Feli vor Freude durch den Raum. Manchmal ist es anstrengend, die Jüngste in so einer großen Familie zu sein, aber fast immer ist
es einfach nur toll!

> Warum möchte Feli unbedingt einen neuen Schulranzen haben?

Prinzessin Anna und der Drache

Eine Geschichte von Julia Breitenöder
Mit Bildern von Sabine Legien

»Oh nein, oh nein«, murmelt der König und rauft sich die Haare. »Drei gefressen, neun verkokelt, sieben davongelaufen. Wie soll das nur enden?«

Prinzessin Anna runzelt die Stirn und steckt sich einen neuen Kaugummi in den Mund, mindestens eine Packung hat sie immer dabei. Ihr Papa hat Recht, das klingt wirklich nicht gut. Der gemeine Drache, der seit Wochen das Königreich bedroht, Ritter frisst und ganze Ernten vernichtet, ist auf dem Weg zum Schloss. Und keiner weiß, wie man ihn aufhalten kann. Anna hat noch nie einen echten Drachen gesehen. Das stellt sie sich total spannend vor. Allerdings wäre es ziemlich blöd, einen zu sehen und dann gleich von ihm verspeist zu werden. Anna bläst eine Kaugummiblase, zieht sich in ihr Turmzimmer zurück und überlegt.

Es dauert nicht lange, bis der Drache vor dem Schloss auftaucht. Er ist riesengroß und sieht nicht freundlich aus. Aus seinen Nüstern steigen Rauch und Flammen empor. Der König lässt alle Ritter und Wachen auf den Mauern aufmarschieren. Sie schütten heißes Öl von den Zinnen und schießen mit Pfeilen, Steinen und Kanonenkugeln auf das Untier. Doch das frisst einfach alles auf, was ihm entgegenfliegt, und genießt die heiße Öldusche sichtlich.

»Das gibt's doch nicht!« Der König tobt. »Irgendetwas müssen wir tun!«

Aber was? Prinzessin Anna sitzt am Fenster in ihrem Turm, kaut Kaugummi und beobachtet den Drachen. Er scheint schlecht gelaunt zu sein, denn immer wieder brüllt er die Schlossmauern an. Und da ist noch ein anderes Geräusch – ein lautes Grummeln …

»Er hat Hunger! Ihm knurrt der Magen!«, ruft Anna. »Wir müssen ihm etwas zu essen bringen.«

Die Prinzessin rast in die Speisekammer. Beladen mit Taschen, Krügen und Körben taucht sie wenig später auf der Schlossmauer wieder auf. Alle Wachen helfen, dem Drachen das Futter zuzuwerfen. Das meiste fängt er auf, bevor es den Boden berührt. Er kaut nicht, sondern schluckt nur.

»Was für ein gieriges Tier«, brummt der König. »Jetzt reicht es aber!«

»Er hat halt Hunger«, verteidigt Anna den Drachen. »Wenn ich so einen großen Bauch hätte, ginge es mir auch so.«

Bald sind alle Körbe leer. Der Drache leckt sich das Maul und schaut erwartungsvoll zu Anna hoch.

»Bist du jetzt satt?«, ruft sie.

Der Bauch des Drachen grummelt.

»Oh nein! Er hat immer noch Hunger.«

Anna sieht sich um. Nichts Essbares. Sie steckt die Hände in die Taschen ihres Kleides. Was ist das? Eine Packung Kaugummi! Ob er das mag?

Rasch entfernt Anna das Papier und wirft dem hungrigen Drachen alle Kaugummistreifen auf einmal ins Maul.

Der Drache schnappt. Er kaut. Und kaut und kaut. Seine Augen werden immer größer. Er kaut, kaut, kaut. Dann schnaubt er. Aus jedem Nasenloch kommt eine kleine Kaugummiblase. Anna kichert. Auch zwischen den Zähnen des Drachen ziehen sich Kaugummifäden, er kann das Maul nicht mehr so weit öffnen. Anna wirft noch eine Packung Kaugummis hinterher, schiebt sich selber einen neuen in den Mund und läuft zum Tor.

»Aber – du kannst da doch jetzt nicht raus!«, ruft der König. »Der Drache ist immer noch da draußen!«

»Genau deswegen«, sagt Anna. »Ich glaube, er ist eigentlich ganz nett.« Sie schlüpft hinaus. Auweia. Von hier unten aus der Nähe sieht der Drache noch viel größer aus. Jetzt hat er sie entdeckt! Er schiebt den Kopf näher und schnuppert. Anna kaut ihren Kaugummi und macht eine Blase. Der Drache reißt die Augen auf und macht drei Blasen, eine mit dem Mund, zwei mit den Nasenlöchern. Aber was ist das für ein Geräusch? Anna hört genau hin. Kann das sein? Der Drache lacht? Zumindest sieht er sehr fröhlich aus. Jetzt pustet er eine Kaugummiblase aus dem Ohr. Anna kichert.

»Weißt du was? Ich glaube, du bist gar nicht so gefährlich, solange du genug zu essen und immer etwas im Maul hast.«

Der Drache nickt und bläst eine riesengroße Blase. Direkt vor Annas Nase platzt sie.

Anna kichert. »Ist das ein Ja?«

Und wenn sie nicht gestorben sind, dann kauen sie noch heute.

Was für ein Geräusch hört Prinzessin Anna, als der Drache vor dem Tor steht?

Obos Abenteuer

Eine Geschichte von Julia Breitenöder
Mit Bildern von Annika Sauerborn

In vielen Klassenzimmern passiert mehr, als wir Menschen merken. Dort gibt es winzig kleine Wesen, die sich Schulinge nennen. Sie ernähren sich von Kreide und sind sehr schwer zu entdecken.

»Obo, schnell! Beeil dich!«

Mit einem letzten Stückchen Kreide in den Händen hüpft Obo vom Schwamm und huscht zum Loch in der Wand.

»Warum hetzt du uns heute denn so?«, beschwert er sich und guckt Hondo, den bärtigen Ober-Schuling, vorwurfsvoll an. »Da bleibt einem ja das Abendessen im Hals stecken!«

Hondo schüttelt den Kopf. »Obo, Obo, ich dachte, du kennst unsere oberste Regel …«

»Natürlich kenne ich die! Aber was hat sie damit zu tun?«, meckert Obo. Gemeinsam gehen die beiden in den großen Saal.

»Wie heißt die oberste Schuling-Regel?«, fragt Hondo und alle

Schulinge antworten gemeinsam wie im Chor: »Niemals darf ein Mensch uns sehen.«

»Du hast den Schuling-Kindergarten noch nicht lange verlassen und weißt es nicht besser, Obo. Aber heute«, erklärt Hondo, »ist der erste Schultag nach den großen Ferien. Das heißt, in kurzer Zeit werden hier lauter Menschenkinder durch die Klassenzimmer rennen. Ein guter Schuling liegt dann brav im Bett und schläft, bis wieder Ruhe eingekehrt ist.«

»Aha.« Obo nickt. »Verstehe.« Auf dem Weg zum Schlafsaal der Jung-Schulinge knabbert er an seinem Kreidestück und grübelt. In Wahrheit versteht er diese Regel ganz und gar nicht. Wieso dürfen die Kinder sie nicht sehen? Das kann doch nicht so schlimm sein. Lauter Menschenkinder – das klingt ziemlich interessant! Zu gern würde Obo heimlich vom Eingangsloch aus zusehen, wie die Kinder in ihren Klassenraum trampeln. Doch er hat keine Chance, Hondo wartet, bis alle Schulinge in ihren Betten liegen, löscht das Licht und schließt die Tür.

Obo seufzt und wälzt sich unter der Decke hin und her. Schließlich schläft er ein und träumt von Schulkindern.

Es ist stockdunkel, als Obo die Augen aufschlägt. Um ihn herum ist es ganz still. Alle anderen Schulinge schlafen noch. Soll er es jetzt wagen? Vorsichtig steigt er aus dem Bett und schleicht zur Tür. Die knarzt ein bisschen, aber keiner wacht davon auf.

Obo huscht schnell zum Eingangsloch. Schon auf dem Weg dorthin hört er den Lärm. Viele unglaublich laute Stimmen reden durcheinander, es klingt wie grollender Donner. Außerdem wackelt der Boden immer wieder. Obo stützt sich an der Wand ab und lugt aus dem Loch.

Die Menschenkinder sind riesig! Natürlich wusste Obo, dass Menschen groß sind – aber so gigantisch? Nie hätte Obo gedacht, dass jemand so groß sein kann! Sie sehen fast aus wie viel zu groß geratene Schulinge, nur dass ihnen die Spitzen an der Oberseite der Ohren, die Knollennasen und die großen Füße fehlen. Aber sie scheinen auch Kreide zu essen, denn eben trägt ein noch größerer Mensch ein riesiges Stück Kreide in den Raum und legt es vor der Tafel ab. Obo läuft das Wasser im Mund zusammen, sein Magen knurrt.

Langsam schiebt er sich durch das Loch und krabbelt unter den Tisch vor der Tafel. Diese großen Füße überall! Obo muss aufpassen, dass er nicht getroffen wird. Und jetzt hoch zur Kreide! Er klettert an der Wand nach oben. Hoffentlich sehen die Menschen ihn nicht!

Geschafft! Da liegt die Kreide! Das Stück ist zur Hälfte in Papier gewickelt und größer als Obo. Glücklich stürzt er sich darauf und beginnt zu nagen.

»Jannik, bitte schreib die nächste Aufgabe an die Tafel«, dröhnt eine Stimme durch den Raum.

Obo mampft selig vor sich hin. Aber plötzlich bewegt

sich das Kreidestück! Obo klammert sich fest. Große Finger quetschen ihn an die Kreide. Der Schuling zappelt und tritt um sich. Seine Nase berührt fast das Grün der Tafel, er bekommt kaum noch Luft! Kurz entschlossen dreht er den Kopf und beißt in einen der großen Finger.

»Aua!«, brüllt der Fingerbesitzer und lässt die Kreide und Obo los.

Dieser fällt und fällt – und landet zum Glück weich auf dem Tafelschwamm. Seine Beine zittern, er macht die Augen zu und bleibt einfach liegen. Was für ein Schreck!

Als Obo vorsichtig blinzelt, guckt er in ein riesiges Gesicht. Dann wird er von einer großen Hand hochgehoben und sanft umschlossen.

Er schreit: »He! Hilfe! Lass mich los!«

Obo wird kurz geschüttelt, dann öffnet sich die Hand wieder und riesige Augen schauen ihn an. »Was bist du denn für einer?«, sagt der dazugehörige große Mund. Obwohl der Mensch wohl flüstert, klingt es für Obo unglaublich laut.

Er hält sich die Ohren zu und wimmert: »Tu mir nichts! Ich bin Obo, ein Schuling. Ich wollte doch nur sehen, wie Menschen zur Schule gehen. Und jetzt hab ich alles falsch gemacht!«

Doch der Junge hört nur ein leises Piepsen. Er führt die Hand mit Obo an sein großes Ohr, um den Schuling besser zu verstehen. Der wiederholt ängstlich, was er gerade gesagt hat.

Als der Junge antwortet, versucht er besonders leise und vorsichtig zu sprechen, so dass Obo die Hände wieder von den Ohren nimmt. »Ich heiße Jannik und gehe in die zweite Klasse«, wispert er. »Was hast du denn falsch gemacht?«

Da erzählt Obo von der obersten Schuling-Regel und dass er sich heimlich in die Klasse geschlichen hat.

Janniks Augen blitzen. »Ich finde das total aufregend!«

Das findet Obo auch.

»Ich wusste gar nicht, dass es Schulinge gibt«, flüstert Jannik. »Es ist besser, wenn dich außer mir niemand sieht. Aber du kannst gerne in meinem Mäppchen sitzen und zuhören, wenn du magst. Dann können wir zusammen lernen.«

Obo nickt begeistert. Jetzt muss er gleich zurück in den Schlafraum, damit keiner seinen heimlichen Ausflug bemerkt, aber morgen wird er ganz früh aufstehen und für seine erste Schulstunde in Janniks Mäppchen klettern. Ein großes Abenteuer wartet auf den kleinen Schuling!

Wieso schleicht Obo sich heimlich ins Klassenzimmer, als alle anderen Schulinge noch schlafen?

Harry Hammerhai

Eine Geschichte von Tobias Bungter
Mit Bildern von Marion Elitez

Unter allen Fischen des Meeres sind die Haie als Piraten bekannt und gefürchtet. Sie sind schnell, grausam und kennen keine Gnade.

»Pirat! Pirat!«, schallt es deshalb durch den Ozean, wenn ein Hai gesichtet wird. Dann suchen sich alle Meeresbewohner, so schnell sie können, ein Versteck. Nur Harry ist anders. Harry ist ein Hammerhai, er ist weder schnell noch grausam und außerdem so ängstlich, dass er nicht einmal an einem Seestern knabbern würde.

»Hammerkopp! Hammerkopp!«, schallt es durch den Ozean, wenn Harry gesehen wird. Anstatt sich zu verstecken, schwimmen die anderen Fische heran und lachen ihn aus. Dabei wäre Harry auch so gerne ein Pirat. Vielleicht könnte er sich eine Augenklappe aus einer Napfmuschel basteln, um noch gefährlicher auszusehen. Dann könnte er sogar Menschen erschrecken. Das hat er schon ein paarmal versucht, aber jedes Mal haben sie gelacht und ihn mit ihren wasserdichten Apparaten fotografiert.

Nein, denkt Harry, aus mir wird nie ein Pirat. Am besten verstecke ich mich in einem alten Wrack, bis ein Blauwal kommt, der mich aus Versehen verschluckt. Harry taucht in ein vor langer Zeit gesunkenes Schiff, als plötzlich eine fiepsende Stimme ertönt.

»Pirat! Pirat!«

Verwirrt sieht Harry sich um. So hat ihn noch niemand genannt. Da bemerkt er ein hässliches, verschrumpeltes Ding, das hektisch über den Meeresboden kriecht, ohne dabei besonders schnell voranzukommen. Harry muss schmunzeln.

»Wer bist denn du?«, fragt er höflich. Das unförmige Ding dreht sich zu ihm.

»Ich bin Gerda Seegurke. Bitte friss mich nicht!«

»Nee«, antwortet Harry, »ich weiß doch gar nicht, wie eine Seegurke schmeckt.«

»Scheußlich! Ich schmecke scheußlich!«, sagt Gerda schnell.

»Das habe ich mir schon gedacht. Außerdem habe ich mich so gefreut, dass du mich Pirat genannt hast, da werde ich dich doch nicht auffressen.«

»Bist du denn kein Pirat?«

»Ich wäre gerne einer.«

»Ich finde, du siehst sehr gefährlich aus.«

»Danke!« Gerda, die Seegurke, rutscht in Harrys Richtung. »Weißt du was?«, flüstert sie ihm zu. »Über mich lachen auch immer alle.«

»Ich würde nie über dich lachen«, sagt Harry.

»Das ist lieb von dir.« Gerda rückt noch näher an Harry heran. »Ich wäre auch gern ein Pirat.«

»Du?«

Gerda schrumpelt ein wenig in sich zusammen. »Ich weiß. Das wird nie klappen.«

»Wir können einfach beide hier unten in diesem Wrack bleiben und uns verstecken, bis ein Blauwal kommt und uns aus Versehen verschluckt«, schlägt Harry vor. »Hier ist wenigstens niemand, der über uns lachen kann.«

»In Ordnung«, sagt Gerda Seegurke. »Hier können wir in aller Ruhe davon träumen, Piraten zu sein.«

Harry und Gerda träumen ein wenig vor sich hin. Doch plötzlich ertönt lautes Geschrei im Wasser.

»Pirat! Pirat!«

Ganze Schwärme von flinken Fischen flitzen an ihnen vorbei. Und dann sehen die beiden ihn: Sigi Sägezahn, ein weißer Hai und der größte Pirat, der jemals die Ozeane unsicher gemacht hat. Er schwimmt direkt auf das Wrack zu. Harry und Gerda haben keine Möglichkeit mehr zu entkommen. Sie drücken sich in den dunkelsten Winkel, aber es nützt nichts. Es dauert nur wenige Sekunden, bis der weiße Hai bei ihnen ist.

»Bitte friss uns nicht!«, sagt Harry.

»Wir schmecken beide fürchterlich«, ergänzt Gerda.

Sigi Sägezahn schnauft durch seine Kiemen.

»Ich habe gerade andere Probleme. Habt ihr hier Taucher gesehen?«

»Menschen?« Harry schüttelt seinen Hammerkopf.

»Sie sind hinter mir her«, brummt Sigi. »Ich habe zum Spaß ein paar Surfer erschreckt. Einen habe ich sogar ein wenig angeknabbert. Aber nur ganz vorsichtig. Jetzt jagen sie mich mit Harpunen, könnt ihr euch das vorstellen?«

»Nein!«, quietscht Gerda Seegurke tapfer.

Doch in diesem Augenblick sehen sie die Taucher. Es sind fünf oder sechs und jeder von ihnen hat eine gefährlich aussehende Harpune in den Händen. Sie nähern sich dem Wrack. Harry und Gerda können es kaum glauben, aber neben ihnen beginnt Sigi Sägezahn zu zittern.

»Sie werden mich finden. Das ist mein Ende!«

Doch Harry hat eine Idee. Vorsichtig gabelt er Gerda mit seinem Hammerkopf auf und schwimmt den Tauchern entgegen. Sigi traut seinen Augen nicht. Als Harry nur noch wenige Meter von den Tauchern entfernt ist, stellt er sich im Wasser auf. Er balanciert Gerda Seegurke auf seiner platten Nase, die dort einen ziemlich merkwürdigen Tanz aufführt. Die Taucher lachen. Einer von ihnen hat einen Fotoapparat dabei, mit dem er die beiden fotografiert. Harry dreht sich um sich selbst, Gerda lässt ein paar Bläschen aufblubbern. Die Taucher lachen noch mehr, einer streichelt Harry sogar über eine Flosse. Schließlich kehren sie um und schwimmen dorthin, wo sie hergekommen sind. Harry und Gerda kehren zurück in das Wrack. Sigi Sägezahn neigt den Kopf vor ihnen.

»Noch nie habe ich solchen Mut gesehen. Ihr habt mir das Leben gerettet. Wie kann ich euch danken?«

»Wir wollen Piraten sein!«, sagen die beiden wie aus einem Mund.

Sigi lächelt. »Ihr seid es schon. Und wer etwas anderes behauptet, bekommt es mit mir zu tun!«

Warum werden Harry und Gerda beste Freunde?

Millies Überraschung

Eine Geschichte von Luise Holthausen
Mit Bildern von Catherine Ionescu

Die Klasse 1a hat Deutschunterricht. »Heute lernen wir einen neuen Buchstaben«, sagt die Lehrerin Frau Möller und schreibt ein großes »M« an die Tafel. »Welche Wörter kennt ihr, die mit einem ›M‹ anfangen?«

Sofort melden sich ganz viele Kinder. »Maus – Mama – Mann – Mund«, rufen sie. Frau Möller schreibt alle »M«-Wörter an die Tafel.

Nur Paula sagt nichts. Sie hat gar nicht zugehört, denn sie muss die ganze Zeit an ihr Pony Millie denken. Vor sechs Monaten hat sie Millie zum Geburtstag geschenkt bekommen. Zuerst war das Pony lustig und frech, hat ihr den Reiterhelm vom Kopf geschubst oder Mamas Handtasche angeknabbert. Doch in der letzten Zeit ist Millie komisch. Erst wurde sie immer fauler und dicker und seit gestern mag sie nicht einmal mehr etwas fressen.

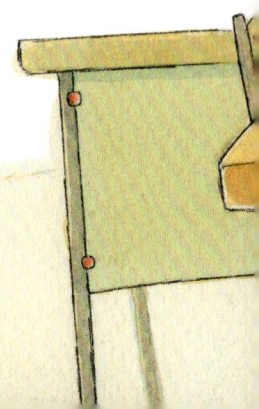

Millie steht bei einem Bauern im Stall. Paula kann sie jeden Nachmittag besuchen, weil der Stall gar nicht weit weg von ihrer Wohnung ist. Am liebsten wäre sie auch heute Morgen gleich wieder hingegangen, aber das haben die Eltern natürlich nicht erlaubt.

»Und du, Paula? Welches Wort kennst du mit ›M‹?« Frau Möller steht mit einem Mal direkt vor ihr.

Paula fährt hoch und stottert: »Millie.«

Frau Möller runzelt die Stirn. »Millie? Das ist doch kein Wort.«

»Millie ist ein Name«, erklärt Paulas Freundin Nele. »Millie heißt ihr Pony.«

»Ach so«, sagt Frau Möller. Sie geht wieder nach vorne und schreibt »Millie« neben die anderen »M«-Wörter an die Tafel.

Nach der Schule rennt Paula gleich nach Hause. Mama steht schon an der Tür und wartet auf sie. In der Hand hält sie ihren Autoschlüssel. »Komm, wir fahren rasch zu Millie«, sagt sie.

Paula bekommt einen Schreck. Gleich nach der Schule zu Millie, ohne Mittagessen und Hausaufgaben, und dann auch noch mit dem Auto? Das hat es ja noch nie gegeben! »Ist Millie etwas passiert?«, fragt sie ängstlich.

Mama lacht. »Ja, aber du musst dir keine Sorgen machen. Der Bauer hat heute Vormittag hier angerufen. Millie hat eine Überraschung für dich.«

Das klingt geheimnisvoll. Paula kann im Auto kaum still sitzen vor Aufregung. Zum Glück sind sie ganz schnell am Bauernhof. Paula springt aus ihrem Sitz und läuft in den Stall.

Millie steht in ihrer Box und begrüßt sie mit einem freundlichen Schnauben. Alles ist also wie immer.

Fast alles. Denn Millie ist nicht allein in ihrer Box. Neben ihr steht auf wackeligen Beinen ein ganz kleines Pony, das ihr bis auf die Mähnenspitze gleicht. Ein Fohlen. Millies Fohlen!

»Die Überraschung ist dir wirklich gelungen«, sagt Mama und streichelt erst Millie und dann das Fohlen. »Jetzt hat Paula zwei Ponys. Und keiner hat was davon gewusst.«

Paula kann vor Glück gar nicht sprechen. Sie schlingt nur die Arme um den Hals von ihrem Pony und drückt das Gesicht in die weiche Mähne. »Ich bin ja so froh, dass es dir wieder gut geht«, flüstert sie.

Hast du auch ein Haustier? Wie heißt es?

Das besondere Fohlen

Eine Geschichte von Luise Holthausen
Mit Bildern von Catherine Ionescu

April bekam ihren Namen, weil sie im April geboren wurde. Genau am ersten des Monats kam sie zur Welt, mitten auf der Pferdekoppel des Gestüts. Die ganze Herde versammelte sich um sie und beäugte ihre ersten Versuche, sich auf die staksigen Beine zu stellen.

»Die ist aber hässlich«, wieherte die junge Stute Goldstern, die selbst ausgesprochen schön war mit ihrem goldbraun schimmernden Fell.

Die anderen Pferde nickten mit ihren großen Köpfen. Oh ja, April war kein schönes Fohlen. Sie war struppig, zottelig und ungelenk. Selbst der Züchter zog ein Gesicht, als er das neuste Mitglied seiner Herde sah, und murmelte bei sich: »Soll das ein Aprilscherz sein? So ein hässliches Pferd werde ich niemals verkaufen können.«

Die Wochen vergingen und die Fohlen wuchsen heran. Ständig maßen sie ihre Kräfte. Wer war am schnellsten? Wer sprang am weitesten? Sie tollten auf der Koppel herum und galoppierten mit wehenden Mähnen über die Weide.

Auch April war natürlich bei diesen Spielen dabei. Aber sosehr sie sich auch abmühte, sie konnte einfach nicht mithalten. Ihre Sprünge waren klägliche Hüpfer und bei den Rennen landete sie immer auf dem letzten Platz.

»April kann überhaupt nichts«, wieherte Goldstern, die selbst so schnell war wie der Wind.

So vergingen die Monate und es kam die Zeit, in der die Fohlen verkauft werden sollten.

»Ich komme bestimmt in einen Rennstall«, meinte ein junger Schimmelhengst, der die meisten Wettrennen unter den Fohlen gewonnen hatte.

»Ich werde zum Springer trainiert«, sagte eine kleine Fuchsstute.

»Ich werde als Zuchtstute hierbleiben«, wieherte Goldstern und reckte stolz den schönen Hals. »Ich werde viele Fohlen bekommen und eins wird schöner sein als das andere.«

So freute sich jeder auf die kommende Zeit. Nur April wurde von Tag zu Tag trauriger. Denn wer würde schon ein so hässliches Pferd wie sie, das nicht einmal etwas Besonderes konnte, haben wollen?

Eines Tages fuhr ein Auto vor und Leute stiegen aus. Die ersten Käufer waren gekommen. Es war die Familie mit dem Mädchen Jana, deren Fuß verkrüppelt war. Deshalb hinkte sie beim Laufen. Heute war Janas zehnter Geburtstag und die Eltern hatten ihr ein eigenes Pferd versprochen.

»Welches gefällt dir denn am besten?«, fragte der Vater. »Welches magst du haben?«

Jana stand lange am Zaun und schaute auf die Weide, wo die jungen Pferde wieder herumtollten und ihre Spiele spielten. Nur April stand abseits unter einem Baum.

»Das da«, sagte Jana und deutete auf April. »Das da mag ich haben.«

Die Pferde stoppten mitten in ihren Sprüngen und richteten ihre Ohren auf. Auch April konnte nicht glauben, was sie da eben gehört hatte.

Janas Mutter fragte: »Bist du dir wirklich sicher?«

Da antwortete Jana: »Mich hänselt doch auch jeder, nur weil ich hinke. Und dieses Pferd will sonst bestimmt niemand haben. Für mich ist es aber das schönste Pferd der Welt.«

Welches Pferd hättest du dir ausgesucht? Warum?

Der Unterwegs-Vogel

Eine Geschichte von Luise Holthausen
Mit Bildern von Annika Sauerborn

Eines Tages sieht Merle einen wunderschönen Vogel im Baum vor ihrem Fenster sitzen. Seine bunten Federn glänzen in der Abendsonne. »Bist du ein Papagei?«, ruft Merle ihm zu.

»Nein, ich bin der Unterwegs-Vogel«, antwortet er.

Merle staunt. Von so einem Vogel hat sie noch nie gehört!

Da breitet der Vogel seine Flügel aus, fliegt zu ihr ans Fenster und erzählt ihr seine Geschichte:

»An einem sonnigen Frühlingstag bin ich aus dem Ei geschlüpft. Sofort schlug ich mit meinen Flügelchen und piepste: ›Ich will fliegen!‹

Natürlich war ich dafür noch viel zu klein. Also übte ich jeden Tag, denn ich wollte über den Nestrand schauen und die Welt kennenlernen. Aber es dauerte trotzdem noch eine Weile, bis mein Flaum zu richtigen Federn gewachsen war und ich mit meinen Eltern durch den Buchenwald fliegen konnte.

Eines Tages im Spätsommer sah ich einen Vogelschwarm am Himmel vorbeiziehen. Vor Aufregung fiel mir mein Regenwurm aus dem Schnabel. ›Wo wollen die denn alle hin?‹, rief ich.

›Das sind Schwalben, die für den Winter in den warmen Süden ziehen‹, erklärten meine Eltern.

›Und warum fliegen wir nicht mit?‹, wollte ich wissen.

›Weil wir keine Zugvögel sind. Wir bleiben immer zu Hause am selben Ort.‹

Wie langweilig! Ich wollte doch die Welt entdecken! Als der nächste Vogelschwarm vorbeizog, schwang ich mich einfach in die Lüfte und flatterte hinterher.

›Nehmt ihr mich mit?‹, rief ich aufgeregt. ›Ich will unbedingt die Welt entdecken!‹

›Na gut, du darfst uns begleiten‹, zwitscherten die Schwalben gutmütig.

Sie flogen gen Süden, über die Alpen hinweg. Zum ersten Mal in meinem Leben sah ich die Berge: zerklüftete Felsen und schneebedeckte Gipfel. Vor Staunen bekam ich meinen Schnabel nicht mehr zu. Dann ging es weiter, quer über das Mittelmeer. So viel Wasser! Aber viel Zeit zum Schauen blieb mir nicht, denn die Schwalben waren schon wieder unterwegs. Über sanfte Hügel flogen sie, auf denen Weinreben wuchsen. Die kleinen Beeren, die ich im Vorüberfliegen naschte, schmeckten wundervoll.

Je weiter wir flogen, desto wärmer wurde es. Irgendwann erreichten wir Afrika und dort landeten die Schwalben. ›Hier werden wir den Winter über bleiben‹, sagten sie.

Nach der langen Reise war ich froh, mich etwas ausruhen zu können.

Aber schon nach ein paar Tagen wurde ich wieder unruhig und fragte: ›Wann geht es weiter?‹

›Wir fliegen erst im Frühling zurück‹, antworteten die Schwalben.

›Was, ihr fliegt denselben Weg zurück?‹ Ich war entgeistert. Die Alpen, das Mittelmeer, die Weinberge, das war doch noch gar nicht die ganze Welt!

Weil ich aber diese ganze Welt entdecken wollte, musste ich schweren Herzens Abschied von meinen Weggefährten nehmen. Sie schenkten mir eine Schwalbenfeder, damit ich sie nicht vergaß, dann winkten wir uns zu und ich flog alleine weiter.

Da fing das Abenteuer erst richtig an. Ich sah den Dschungel mit seinen wilden Tieren. Affen, die auf Bäumen turnten, und Löwen, die auf leisen Sohlen schlichen. Ich sah die Wüste mit ihrer endlosen Sandfläche. Riesige Ozeane, Eisberge und Vulkane. Vulkane, die längst erloschen waren, aber auch gefährliche, die noch qualmten und brodelten. Kein Fleckchen auf dieser Erde sah aus wie das andere.

Oft traf ich andere Vögel und dann flogen wir eine Weile gemeinsam. Immer, wenn wir uns trennten, bat ich zur Erinnerung um eine Feder. So bin ich mit der Zeit zu meinem bunten Federkleid gekommen.

Und jetzt«, beendet der Unterwegs-Vogel seine Geschichte, »muss ich langsam weiterziehen.«

»Warte!« Schnell sucht Merle die Indianerfeder aus der Schublade, die sie im Kindergarten gebastelt hat. »Die schenke ich dir.«

»Oh, vielen Dank! Diese schöne Feder wird mich immer an dich erinnern.« Erfreut neigt der Unterwegs-Vogel den Kopf und steckt die Feder zwischen seine Flügel. Dann schwingt er sich in die Lüfte.

»Gute Reise!« Merle winkt ihm hinterher. »Und besuch mich mal wieder!«

Was möchtest du von der Welt sehen?

Die verzauberten Schlittschuhe

Eine Geschichte von Julia Breitenöder
Mit Bildern von Caroline Petersen

Jette trödelt den Weg entlang.

Oma steht am Ufer des Weihers, sie ruft und winkt: »Jette, wo bleibst du denn? Beeil dich, sonst friere ich hier fest!«

Jette trottet weiter. Bei jedem Schritt schwingen ihre Schlittschuhe hin und her, die sie an den zusammengeknoteten Schnürsenkeln über dem Arm trägt.

»Jette!« Oma lässt nicht locker. Warum kann sie nicht einfach ihre Schlittschuhe schnüren und aufs Eis gehen, so wie Opa, der schon weit draußen seine Kreise zieht?

Jette brummt: »Ich komme ja!«, und schleicht weiter.

Auf Schlittschuhlaufen hat sie überhaupt keine Lust! Einmal hat sie das mit Mama probiert. Sie ist so oft auf dem Po gelandet, dass sie irgendwann aufgehört hat zu zählen. Ihre Füße sind einfach immer in unterschiedliche Richtungen gerutscht.

Und jetzt wollen Oma und Opa ausgerechnet Schlittschuh laufen! Mit Jette. Sie haben versprochen, dass sie auf dem zugefrorenen Dorfweiher riesigen Spaß haben werden. Oma hat sogar Mamas alte Schlittschuhe aus irgendeinem Schrank ausgegraben, extra für Jette, weil die keine eigenen hat. Und weil Oma und Opa sich so gefreut haben, ist Jette halt mitgegangen. Obwohl sie gar keine Lust hat.

Opa kann vorwärts und rückwärts laufen, sogar auf einem Bein, und Pirouetten drehen.

Jette seufzt. »Das könnte ich auch gern. Aber ich schaffe nur einen Poklatscher ohne Anlauf.«

Als Jette schließlich das Ufer erreicht, hat Oma schon ihre Schlittschuhe angezogen und steht auf dem Eis.

»Komm, ich helfe dir«, sagt sie und nimmt die alten hellblauen Schlittschuhstiefel, während Jette sich setzt und aus ihren Schuhen schlüpft.

»Glaub mir, mit diesen Schlittschuhen wirst du nicht hinfallen, sie sind ... besonders«, erklärt Oma und zieht die Schnürsenkel durch die Ösen. »So, fertig. Aufstehen!«

Jette rappelt sich auf. Es klappt, sie wackelt ein bisschen, fällt aber nicht gleich wieder um. Und ihre Füße bleiben brav stehen.

»Was nun?«, fragt Jette.

Oma lacht. »Jetzt laufen wir zusammen los. Halt dich an meinem Arm fest.«

Jette schiebt ihren Arm unter Omas. Dann trippelt sie mit kleinen Schritten los.

Kichernd schüttelt Oma den Kopf. »Auf dem Eis musst du anders laufen. Gleiten. Guck, so.« Elegant fährt sie los.

Jette klammert sich an Omas Arm und lässt sich mitziehen. Sie jammert: »Neeee! Das kenn ich schon! Dann rutschen meine Füße wieder weg.«

Aber noch während sie spricht, merkt sie, dass ihre Füße sich bewegen. Ganz gleichmäßig gleiten sie übers Eis, immer abwechselnd und ganz brav in die gleiche Richtung. Sie starrt nach unten. Wie geht denn so was? Jette versucht anzuhalten, aber die Füße gleiten immer weiter.

»Oma? Oma!«, ruft Jette. »Ich kann nicht anhalten! Meine Beine fahren ganz von allein.«

Jetzt kreist sie mit einem Affenzahn außen um den Weiher – rückwärts!

Oma und Opa müssen sich ganz schön anstrengen, um mit ihr mitzuhalten. »Keine Angst, das sind nicht deine Füße«, ruft Oma.

Opa keucht: »Das liegt an den Schlittschuhen. Es sind magische Stiefel. Anscheinend lagen sie zu lange im Schrank und müssen sich jetzt austoben.«

»Ist das gefährlich?«, fragt Jette.

Oma schüttelt den Kopf. »I wo. Die werden auch wieder langsamer, und dann kannst du richtig schön mit ihnen fahren.«

Noch mindestens eine halbe Stunde wirbelt Jette über den Weiher, dann merkt sie, wie die Schlittschuhe langsamer werden. Jetzt kann sie selbst die Richtung bestimmen. Sie fährt Kringel und Schlangenlinien. Dann probiert sie noch eine Pirouette.

Es klappt ganz ohne Hinfallen und danach kann sie anhalten.

Jette jubelt: »Ist das schön!«

»Hab ich es nicht gesagt?«, fragt Oma grinsend. »Du kannst die Schlittschuhe behalten.«

»Danke!«, ruft Jette. »Dann will ich jetzt jeden Tag Schlittschuhlaufen gehen.«

Welches verzauberte Kleidungsstück hättest du gerne?

Küss die Frösche

Eine Geschichte von Julia Breitenöder
Mit Bildern von Sabine Legien

»Und wenn sie nicht gestorben sind, dann leben sie noch heute«, liest Luna und klappt das dicke Märchenbuch zu.

Die Sonne scheint und die Prinzessinnen Luna und Stella liegen im Schlosspark im Gras.

»War das schön!«, ruft Stella. »Besonders, als der Prinz die Prinzessin geheiratet hat.«

Luna nickt. Sie muss an ihre große Schwester Flora denken, die nächstes Wochenende heiratet. »Oh ja! Ob Floras Hochzeit auch so toll wird?«

Stella nickt. »Ja! Schließlich hat sie ein wunderschönes Kleid. Bestimmt ist es sogar noch schöner als das, das Schneewittchen hatte.«

Die Vorbereitungen für Floras Hochzeit laufen Tag und Nacht. Überall im Schloss wird gekocht, genäht, geputzt und geschmückt. Stella und Luna können an nichts anderes mehr denken.

Sie blättern weiter in ihrem Märchenbuch. »Schau mal hier. Noch eine

Prinzessin, die heiratet. Aber sie muss einen Dummling heiraten, nur weil der alle Aufgaben erfüllen konnte, die der König ihm gestellt hat. Das ist total gemein!«

»Und was ist, wenn sie den gar nicht mag?« Stella drängt sich neben ihre Schwester, um besser sehen zu können. »Es stimmt, da steht's! Wer die Prinzessin zum Lachen bringt, soll sie heiraten. Und dann muss er noch andere seltsame Sachen machen ...« Sie schüttelt den Kopf. »Meinst du, Flora hat auch gelacht, als sie Timur zum ersten Mal gesehen hat, und dann hat Papa gesagt, dass sie heiraten müssen?«

Luna zieht die Nase kraus. »Ich weiß nicht. Meinst du, alle Prinzessinnen finden ihre Prinzen so?« Ihre Schwester blättert im Märchenbuch.

»Na ja, manche schlafen auch hinter einer Dornenhecke und werden von einem wach geküsst, den sie dann heiraten. Und eine ... igitt!« Stella kreischt und lässt das Buch kichernd fallen. »Die hat einen Frosch gefunden! Ihr Vater hat gesagt, sie muss ihn mit an den Tisch und in ihr Zimmer nehmen, und als er mit ins Bett wollte, hat sie ihn an die Wand geworfen. Und – ploff! – verwandelte er sich in einen schönen Prinzen.«

»An die Wand geworfen?« Luna reißt die Augen auf. »Ich dachte, Frösche muss man küssen, damit sie sich in Prinzen verwandeln.«

»Küssen? Bäääh!« Stella hält sich den Bauch vor Lachen. »Denkst du, Timur war ein Frosch?«

»Keine Ahnung«, sagt Luna. »Aber Flora hat mir das mit dem Küssen erzählt.«

Die beiden sehen sich an. Flora muss es ja wissen. Immerhin heiratet sie einen echten Prinzen. Außerdem ist es bestimmt auch netter für die Frösche, wenn man sie küsst und nicht gegen eine Wand wirft.

»Komm, wir suchen uns selbst einen Froschprinzen!«, ruft Luna.

Stella nickt. Hinten im Park ist ein kleiner Tümpel und im Moment ist er voll mit quakenden Fröschen.

»Und jetzt?«, fragt Luna.

»Jetzt fangen wir einen«, erklärt Stella und watet ins Wasser. Schnapp! Schon hat sie einen Frosch erwischt.

»Woher weißt du, dass das ein verzauberter Prinz ist und nicht eine Prinzessin? Oder ein ganz unverzauberter Frosch?«, will Luna wissen.

»Das werden wir herausfinden.« Stella hält ihrer Schwester den Frosch vors Gesicht. »Du darfst zuerst.«

Luna holt tief Luft, macht einen Kussmund, kneift die Augen zu und gibt dem Frosch einen vorsichtigen Kuss. »Hey, das hat ja gar nicht geknallt!«

»Er hat sich ja auch nicht verwandelt«, seufzt Stella. »Der war unverzaubert.«

Sie lassen den Frosch frei, der schnell davonhüpft.

»Der da drüben, der sieht aus wie ein Prinz«, findet Luna. Sie schleicht sich an und springt nach vorne. Mit einem Bauchplatscher landet sie im Wasser. »Verflixt, er ist weggehüpft!«

»Ich versuche es auch mal«, sagt Stella.

Kurz darauf läuft Flora durch den Schlosspark und sucht ihre kleinen Schwestern. Als sie Lachen, Platschen und Rufen vom Tümpel hört, ahnt sie, wo die Mädchen stecken.

»Oh nein, wie seht ihr denn aus?« Flora starrt Luna und Stella an, die vor Schlamm und Schmodder nur so tropfen. Außerdem hält Luna in jeder Hand einen Frosch. »Und noch viel wichtiger: Was macht ihr hier?«

»Wir suchen uns den Prinzen aus, den wir heiraten wollen«, erklärt Stella. »Dann muss Papa sich später keine Aufgaben ausdenken.«

»Aufgaben ausdenken?« Flora lacht. »Ihr lest zu viele Märchen.«

»War Timur etwa kein Frosch?«, ruft Luna.

Lachend schüttelt Flora den Kopf. »Nein, natürlich nicht! Ich habe ihn auch ganz allein ausgesucht. Und das dürft ihr später auch.«

Luna und Stella gucken sich an.

»Och, schade. Jetzt waren wir gerade so gut darin, Frösche einzufangen!«

Warum küssen Luna und Stella Frösche?

Die Zirkusprinzessin

Eine Geschichte von Luise Holthausen
Mit Bildern von Catherine Ionescu

In der Manege trabt das braune Pferd Tino im Kreis herum. Mitten im Lauf springt Patrick ab, macht einen Salto und landet elegant auf beiden Füßen. Mit einem Lächeln verbeugt er sich vor den leeren Zuschauerrängen.

Lilly klatscht in die Hände. Papa lobt ihn: »Das wird heute Abend bei der Vorstellung eine tolle Nummer.« Patrick strahlt und verbeugt sich gleich noch einmal.

»Ich will auch endlich mal auftreten«, bettelt Lilly.

»Du?«, fragt Patrick. »Was kannst du denn schon?«

»Eine ganze Menge!«, ruft Lilly wütend.

Papa streicht ihr übers Haar. »Nein, Lilly, du bist noch zu klein.«

Zu Patrick sagt er: »Mittagspause. Wir proben nachher weiter.«

Tino hört sofort auf zu traben, als hätte er verstanden, was Papa eben gesagt hat.

Patrick fasst sein Halfter und drückt es Lilly in die Hand. »Bring ihn zurück in seine Box«, bestimmt er. Dann geht er mit Papa zum Wohnwagen.

Lilly schaut Patrick finster nach. Dauernd will er sie herumkommandieren. Und das nur, weil er schon mit den Eltern zusammen bei den Vorstellungen auftreten darf und sie noch nicht. Dabei möchte sie so gerne eine richtige Zirkusprinzessin sein! Lilly ist nämlich gar nicht mehr so klein.

Gut, sie kann noch nicht lesen und schreiben, so wie Patrick, aber reiten, das kann sie schon ewig. Und darauf kommt es doch an, wenn man ein Zirkuskind ist und die Eltern bekannt sind für ihre tollen Pferdenummern.

Lilly zaust Tinos Mähne. »Ich kann auch schon ein Kunststück«, sagt sie zu ihm. »Stimmt's?« Tino schnaubt und nickt mit dem Kopf. Vielleicht sollte sie es einfach mal ausprobieren? Jetzt, in diesem Augenblick, in dieser Manege, die so still und verlassen liegt, wie es sonst fast nie vorkommt beim Zirkus?

Wieder schnaubt Tino und nickt mit dem Kopf, als könne er Lillys Gedanken lesen. Sie lässt sein Halfter los. »Lauf«, flüstert sie. Und Tino beginnt zu traben, ganz langsam, rund und rund in der Manege herum.

Lilly läuft an. Wie gut, dass Tino nicht so ein großes Pferd ist! Sie rennt neben ihm her, springt dann mit beiden Beinen ab, greift gleichzeitig an den Sattel und zieht sich auf seinen Rücken. Geschafft! In Gedanken hört sie den Applaus der Zuschauer.

Jetzt muss sie ihr Kunststück machen. Das hat sie schon oft geübt, heimlich, wenn Tino in der Box stand und keiner zugesehen hat. Ob sie es auch kann, während Tino durch die Manege trabt?

Los, feuert Lilly sich selbst an, ich bin eine Zirkusprinzessin, ich kann das! Sie hebt die Beine hoch und schwingt sich so herum, dass sie auf einmal rückwärts auf Tino sitzt.

Die Zuschauer in Lillys Kopf klatschen begeistert.

Und wieder zurück. Lilly hebt die Beine, nimmt Schwung und dann sitzt sie wieder richtig auf dem Pferd.

Die Zuschauer rasen vor Begeisterung.

Nun kommt noch der Schluss. Sie muss abspringen. Natürlich trabt Tino nur ganz langsam und natürlich will Lilly auch keinen Salto machen, so wie Patrick vorhin. Aber es ist trotzdem schwer genug.

Lilly atmet tief durch, dann springt sie. Der Manegenboden kommt in rasender Geschwindigkeit näher. Sie breitet die Arme aus und landet auf beiden Füßen.

Lilly ist selig. Mit strahlenden Augen verbeugt sie sich vor den leeren Zuschauerrängen.

Und dann klatscht jemand. Ganz laut und nicht nur in Lillys Kopf. Papa! Er hat am Eingang gestanden und unbemerkt zugeschaut.

»Heute Abend darfst du mit uns auftreten«, verspricht er Lilly. »Heute Abend darfst du eine richtige Zirkusprinzessin sein.«

Kannst du auch ein Kunststück? Welches?

Zauberzweige

Eine Geschichte von Julia Breitenöder
Mit Bildern von Caroline Petersen

Klara springt durchs Mäusehaus. »Heute holt Mama die Zauberzweige!«, singt sie.

Ihr Bruder Tommi streckt die Nase aus dem Moosbett. »Was machst du für einen Krach?«, wundert er sich.

Klara ruft: »Heute ist doch Zauberzweig-Tag!«

Tom lacht. »Du glaubst an die Zauberzweige?«

Klara ist empört. »Klar! Mama hat es doch gestern erzählt! Wie nennst du es denn, wenn Zweige mitten im Winter blühen?«, schimpft sie.

Tom steht auf. »Wie ich es nenne? Unsinn!«, sagt er. »Komm, ich zeige es dir.«

Er läuft aus dem Mäusehaus, Klara trippelt hinterher. In der Nähe des Mäuselochs steht der große Busch, von dem Mama später die Zauberzweige holen will.

Tommi hält davor an. »Und, meinst du immer noch, dass die bald blühen?«

Klara schnuppert an einem Ast, knabbert vorsichtig an der Rinde – und spuckt sie schnell wieder aus. »Bäh! Total trocken! Igitt!«

Tommi lacht. »Genau. Etwas so Trockenes kann nicht blühen.«

Klara streckt ihm die Zunge heraus. »Kann es doch! Schließlich sind das Zauberzweige.«

Die Mäusekinder starren sich wütend an. Ganz lange, bis ihre Pfoten kalt sind und der Schnee weiße Mützen auf ihre Köpfe getürmt hat. Dann drehen sie sich gleichzeitig um, murmeln wie aus einem Mund: »Du wirst schon sehen!«, und stapfen davon. Tommi zu seinem besten Freund, Klara zurück ins Mäusehaus.

Sie holt ihre Malsachen und pinselt los. Ein großes Bild. Blühende Zweige in einem Krug.

Klara tupft rote Punkte auf ein Blütenblatt, als es im Flur poltert.

Mama ruft: »Kann mir mal jemand tragen helfen?«

Die Zauberzweige! Klara saust los. »Ich komme!«

Papa steht auch schon da. Er zupft an einem Ästchen und ruft: »Oh, Frühstück!«

Bevor Klara und Mama ihn zurückhalten können, beißt Papa in einen Zweig. Er kaut, würgt, schluckt und schüttelt sich. »Brrr, das schmeckt gar nicht! Viel zu trocken! Ich hol mir lieber ein Schüsselchen Körner.«

Klara hilft Mama, die Zweige im Wohnzimmer ins Wasser zu stellen. Dann holt sie ihr Bild und hängt es daneben an die Wand. Es kann nicht schaden, wenn die Zeichnung die Zweige ans Blühen erinnert, vielleicht haben sie draußen in der Kälte ja vergessen, dass sie Zauberzweige sind.

Mama lacht. »Die wissen schon, was sie zu tun haben. Aber ein schönes Bild an der Wand ist nie verkehrt.«

Tommi kommt herein und verdreht die Augen. »So ein Gestrüpp! Das blüht doch nicht!«

»Abwarten«, sagt Mama. »Zauberzweige brauchen Zeit und Wärme.«

Sie brauchen ziemlich viel Zeit. Jeden Morgen läuft Klara als Erstes zu den Zweigen. Und immer stehen sie völlig kahl in ihrem Krug.

Nach einer Woche beschwert Klara sich bei Mama: »Sie haben Wasser, sie haben Licht, und Zeit hatten sie auch schon viel.«

»Sie brauchen eben mehr Zeit. So ein Zauber funktioniert nicht schwuppdiwupp«, sagt Mama.

Ein paar Tage später sind immer noch keine Blüten zu sehen. Papa sagt: »Morgen hole ich den Weihnachtsbaum. Vielleicht blühen eure Zweige ja, wenn eine andere Pflanze neben ihnen steht.«

Mama zeigt auf den Krug. »Die brauchen keine Hilfe. Schaut doch mal!«

Die Äste sehen so aus wie immer. Vorsichtig streicht Klara über einen Zweig. Dann jubelt sie: »Eine Knospe! Da ist eine Knospe!«

Jetzt gucken sich Papa und Tommi die Zweige auch genauer an.

Papa schmatzt. »Hmm, die Blüten schmecken bestimmt!«

»Papa!«, schreit Klara. »Du kannst nicht die Zauberzweige futtern!«

Papa lacht. »Das war ein Scherz. Ich will die blühenden Zauberzweige doch auch sehen.«

Da muss er nicht lange warten. Am Nachmittag öffnen sich die ersten Knospen und beim Abendessen sind die Zweige voller Blüten.

»Schön sieht das aus, oder, Tommi?«, sagt Mama.

»Hmmm, ja, schon«, grummelt Tommi.

Klara nickt begeistert. »Bei allen anderen ist Winter, nur bei uns ist schon Frühling! Nächstes Jahr holen wir wieder Zauberzweige.«

Wieso blühen die Zweige im Winter?

Ich packe meinen Koffer

Eine Geschichte von Luise Holthausen
Mit Bildern von Annika Sauerborn

Endlich sind Ferien! Alina packt schon mal ihren Koffer, denn morgen fährt sie mit ihren Eltern in Urlaub. Es kommen mit: ihr Kuschelaffe, das Sandspielzeug, der Kipplaster aus Holz, die Box mit den Duplosteinen, die Bauernhoftiere und der Schwimmreifen mit den lustigen bunten Punkten.

Mama ruft aus dem Wohnzimmer: »Wir müssen noch deine Sachen für den Urlaub packen!«

»Hab ich schon!«, antwortet Alina stolz. Mama kommt ins Kinderzimmer und schaut sich den Kofferinhalt an. »Und wo sind deine Anziehsachen?«

»Na, da drin.« Alina zeigt in den Koffer. Zwischen Kipplaster und Duplobox klemmt ihr Schlafanzug.

Mama schüttelt den Kopf. »Und was ist mit Unterwäsche, mit Kleidern, Hosen und T-Shirts? Das Spielzeug kannst du doch auch gut in deinen Kinderrucksack packen.«

Alina verzieht das Gesicht. Der Kinderrucksack ist winzig! Da passt doch überhaupt nichts rein.

Mama legt den Schwimmreifen beiseite. »Den brauchst du sowieso nicht. Wir fahren in die Berge, Alina, nicht ans Meer!« Mit schnellen Handgriffen räumt sie alle tollen Spielsachen aus dem Koffer und legt anschließend lauter langweilige Klamotten hinein. »So ist es besser.«

So ist es überhaupt nicht besser! Aber Alina weiß schon, was sie zu tun hat, wenn Mama endlich wieder aus dem Zimmer gegangen ist.

»Sind die schwer«, stöhnt Papa, als er am nächsten Morgen die Koffer ins Auto hievt. »Was habt ihr denn da alles eingepackt?«

»Nur wichtige Sachen«, antworten Mama und Alina gleichzeitig.

Nach einer mehrstündigen Fahrt kommen sie bei der Ferienwohnung in den Bergen an. Alina räumt schnell ihre wichtigen Sachen in den Schrank.

Als Mama ins Zimmer kommt, um ihr zu helfen, ruft Alina schnell: »Schon fertig!«

»Du bist aber heute fix«, freut sich Mama.

In der Ferienwohnung nebenan macht noch eine andere Familie Urlaub. Sohn Max ist so alt wie Alina und sie findet ihn richtig nett. Zusammen dürfen die Kinder auf dem Spielplatz bleiben, während ihre Eltern gemeinsam die Gegend erkunden.

»Ich will eine Sandburg bauen«, sagt Max und buddelt mit den Händen.

Alina holt schnell ihr Sandspielzeug. Wie gut, dass sie es doch mitgenommen hat. Damit geht das Burgenbauen viel besser. Sie graben und schaufeln wie wild, und Alina buddelt ein **SOOO** tiefes Loch, dass sie gar nicht merkt, wie Papa und Mama schon wieder um die Ecke biegen. Erst als Max sie anstupst, schaut sie hoch. Oje, Mama soll doch das Sandspielzeug nicht sehen!

Aber Mama achtet gar nicht darauf. Sie läuft nur ganz komisch und steif den Weg entlang.

»Mama, was hast du denn?«, fragt Alina erschrocken.

Mama lächelt gequält. »Ich bin ausgerutscht. Es ist nichts Schlimmes passiert, aber ich bekomme bestimmt einen großen blauen Fleck am Po.«

Zum Abendessen gibt es selbstgemachte Pizza. Während Papa und

Alina in der Küche arbeiten und sich um alles kümmern, soll Mama sich ausruhen. Aber stattdessen steht sie die ganze Zeit neben ihnen.

Hmm, wie das duftet – die Pizza ist fertig! Alina und Papa setzen sich an den Tisch, nur Mama steht immer noch herum. Ängstlich schaut sie auf den Stuhl. »Ich glaube, mit meinem blauen Fleck am Po muss ich im Stehen essen«, sagt sie.

Da hat Alina eine Idee! Sie springt auf und saust in ihr Ferienzimmer. Gleich darauf ist sie mit ihrem Schwimmreifen wieder da.

»Du kannst dich hier draufsetzen«, sagt sie zu Mama. »Dann tut dir dein Popo nicht so weh.«

Mama guckt erst auf den Schwimmreifen und dann auf Alina. Sie setzt sich mit einem erleichterten Seufzer und sagt: »Manchmal ist es doch gut, dass du deinen eigenen Kopf hast.«

Alina nickt zufrieden. Da kann man mal sehen, wie nützlich Schwimmreifen in den Bergen sind.

Was nimmst du immer mit in den Urlaub?

Immer schön vorsichtig!

Eine Geschichte von Luise Holthausen
Mit Bildern von Annika Sauerborn

Lotte sitzt auf ihrem Fahrrad und fährt im Kreis. Einmal, zweimal, dreimal. Das klappt gut! Und gleich geht's los zur großen Radtour. Lotte ist schon ganz aufgeregt, denn zum ersten Mal darf sie mit ihrem eigenen Rad mitfahren.

»Sei vorsichtig!«, ruft Papa, der gerade mit den Satteltaschen aus dem Haus kommt.

Vor Schreck gerät Lotte ins Schlingern und fällt beinahe um.

Papa läuft zu ihr. »Siehst du, du musst immer gut aufpassen. Hast du dir wehgetan?«

Lotte schüttelt den Kopf.

Jetzt kommt auch Mama aus dem Haus. »Vielleicht solltest du Lotte doch besser auf dem Kindersitz mitnehmen«, überlegt sie.

Aber Lotte ruft: »Ich darf selber fahren! Ihr habt es versprochen!«

Wenn Papa sie mit seinem Getröte nicht so erschreckt hätte, wäre doch gar nichts passiert!

»Also gut«, gibt Papa nach. »Du fährst zwischen Mama und mir. Aber immer schön vorsichtig!«

»Ja, ja«, grummelt Lotte.

Papa hängt die Satteltaschen über seinen Gepäckträger. Sie sind mit leckerem Essen gefüllt, damit sie unterwegs ein Picknick machen können.

Dann geht es endlich los. Papa fährt an und auch Lotte tritt in die Pedale und radelt eifrig hinter ihm her. Am Schluss folgt Mama.

Sie fahren auf einem staubigen Feldweg. Rechts und links liegen Äcker und Wiesen, manchmal durchqueren sie auch ein Wäldchen. So lange am

Stück ist Lotte noch nie gefahren. Ganz sorgfältig achtet sie darauf, immer auf den Weg zu schauen, nicht zu schlenkern und regelmäßig zu treten. Das ist ganz schön anstrengend, doch es macht Spaß! Vor Begeisterung würde Lotte am liebsten die geballte Faust in die Luft recken, aber das geht natürlich nicht. Sie braucht ja beide Hände am Lenker.

Wenn Papa nur nicht so nerven würde! Alle paar Minuten ruft er nach hinten: »Pass auf, Lottchen, da liegt ein Ast auf dem Weg!« Oder: »Pass auf, Lottchen, da an der Seite steht ein Baum!« Als ob sie ihren Lenker herumreißen und extra auf den Baum am Wegesrand zusteuern würde. Also echt!

Und wenn Papa mal den Mund hält, dann ruft garantiert Mama hinter ihr: »Vorsicht, Lottchen, da vorne geht es um die Kurve!«

»Ja, Mama«, antwortet Lotte immer nur. »Ja, Papa.«

Puh! Als ob sie noch ein Baby wäre. Dabei kann sie das doch! Sehen Papa und Mama denn nicht, wie viel Mühe sie sich gibt?

Aber nein, schon tönt es wieder von vorne: »Vorsicht, Lottchen, jetzt wird der Weg etwas holprig.«

Das sieht sie ja wohl selber!

»Also immer schön nach vorne gucken und den Lenker festhalten.«

Das macht sie doch schon die ganze Zeit!

»Lottchen? Hörst du mich?« Papa dreht den Kopf nach hinten.

Da kommt auch schon ein großer Hubbel. Vor Schreck reißt Papa den Lenker herum, brettert mit Karacho auf die Wiese und bleibt mit dem Vorderrad in einem Maulwurfshügel stecken. Beinahe macht er einen Purzelbaum.

Papa schaut verdutzt, aber dann lacht er. Mama und Lotte stimmen in sein Lachen mit ein. Lotte hebt den Zeigefinger und mahnt: »Immer schön nach vorne gucken und den Lenker festhalten, Papa!«

Wieso ist Lotte genervt von ihren Eltern?

Die Winter-Kur

Eine Geschichte von Julia Breitenöder
Mit Bildern von Caroline Petersen

Amelie und Lilly sitzen am Fenster.

»So ein blöder Winter!«, schimpft Amelie. »Die Ferien sind fast vorbei und es hat noch nicht geschneit.«

Lilly stampft mit dem Fuß auf. »Menno! Warum haben wir zu Weihnachten überhaupt Schlitten bekommen? Hätten wir uns lieber ein Planschbecken gewünscht.«

Mama stellt sich zu ihnen. »Leider kann ich keinen Schnee herzaubern ... Aber wisst ihr was? Die Eisdiele am Marktplatz hat wieder aufgemacht, weil so gutes Wetter ist. Sollen wir ...«

Amelie und Lilly unterbrechen sie: »Nein! Wir wollen kein Sommerprogramm!«

Mama hebt die Hände. »Lasst mich erst mal ausreden! Ich hole uns eine Riesenportion Eis. Die essen wir ganz auf, damit uns so kalt wird, wie es sich im Winter gehört.«

Das klingt gut.

Mama hat noch eine Idee: »Wir machen eine Winter-Kur!« Sie zieht die CDs mit Weihnachtsliedern aus dem Regal. »Die hören wir ab jetzt ununterbrochen. Bis es endlich schneit – oder wir keine Lust mehr auf Winter haben.«

Amelie klatscht in die Hände. »Können wir noch mal Plätzchen backen? Bitte, Mama! Das gehört doch auch zum Winter.«

Mama nickt. »Wenn schon, dann richtig. Ich kaufe Backzutaten, dann hole ich Eis. Ihr könnt ja schon mal Schneeflocken ausschneiden.« Sie legt einen Stapel weißes Papier und Scheren auf den Tisch. »Die hängen wir nachher an die Fenster.«

Weihnachtliche Lieder klingen durchs Wohnzimmer, und als Mama zurückkommt, ist der ganze Tisch mit Papierflocken bedeckt.

»Das sieht prima aus!«, ruft Mama und stellt einen riesigen Becher voll bunt gemischter Eiskugeln ab. »Aufessen! Kälte ist wichtig bei Wintersehnsucht.«

Während sie den Eisbecher leeren, klebt Mama Schneeflocken ans Fenster.

»Ich fühle mich schon ein bisschen winterlich«, stellt Lilly fest.

Amelie legt den Löffel weg. »Und ich fühle mich, als hätte ich zu viel Eis gegessen«, stöhnt sie. »Mein Bauch ist kalt.«

»Dann ruh dich aus«, sagt Mama. »Ich knete derweil den Teig und Lilly klebt Flocken auf.«

Bald hängen alle Fenster voller Papierschneeflocken. Amelies Bauch geht es wieder gut und sie stechen zu dritt Plätzchen aus. Dazu gibt es heißen Kakao. »Jetzt habe ich auch schon ein klitzekleines Wintergefühl«, sagt Mama. »Aber irgendetwas fehlt noch. Wartet mal!«

Sie saust aus der Küche und kommt kurz darauf mit einem Stapel Bücher zurück. »Wintergeschichten! Wenn wir fertig gebacken haben, lese ich euch vor.«

Es duftet nach Plätzchen, Schneeflocken hängen an allen Fenstern, leise Weihnachtsmusik dudelt.

Amelie zieht einen Flunsch. »Und draußen scheint immer noch die Sonne! Die Winter-Kur wirkt nicht.«

»Abwarten«, sagt Mama. »Wir sind noch nicht fertig.«

Sie kuscheln sich aufs Sofa und Mama liest. Und liest. Wenn sie heiser wird, trinkt sie einen Schluck warmen Kakao und liest weiter. Zwischendurch gibt es zur Stärkung frische Plätzchen.

Plötzlich poltert es im Flur und Papa guckt ins Wohnzimmer. »Hallo! Das sieht ja gemütlich aus.« Er streicht sich über die Haare. »Ich bin ganz nass, es schneit schon seit fast einer Stunde.«

Lilly, Amelie und Mama starren ihn an. »Quatsch! Es schneit nicht!«, ruft Lilly.

Papa lacht. »Ja, habt ihr es noch gar nicht gemerkt? Erst ist der Schnee sofort geschmolzen, aber jetzt liegen schon ein paar Zentimeter und es schneit immer weiter. Sollen wir die Schlitten ausprobieren?«

»Jetzt?« Amelie und Lilly sehen sich an. Dann schütteln sie die Köpfe. »Heute nicht mehr. Wir müssen erst unsere Winter-Kur fertig machen! Aber Morgen gehen wir ganz früh zum Schlittenfahren.«

Wieso machen die Schwestern eine Winter-Kur?